藤井 恵

おいしいレシピができたから

涙も笑いもレシピの一部でした

はじめに

主婦になって33年、料理研究家になって22年。
たくさんの料理を作ってきました。
何千？　何万？　もしかしてもっと？
肉じゃがひとつだって、何十種類ものレシピがあります。
30歳のときのレシピ、40歳のレシピ、そして50歳のレシピ、全部違います。
なぜなのかなと考えてみました。
それはきっと、レシピは私の人生の物語だから。
あのときの笑顔が、あのときの涙が、あのときの思いが
私の料理を、その味を、変えてきたから。

おいしい料理の物語を
私はこれからもずっとずっと紡いでいくつもりですが
このへんで一度、ひと区切りしようかと思いました。
もちろん、ピリオドではなくカンマ。「。」ではなく「、」。

そう考えていたら、思いがけずいろいろな転機が訪れました。

prologue

18年間出演させていただいた料理番組を卒業し
上の娘は結婚が決まり、下の娘はひとり暮らしを始め
私たち夫婦は長野に別荘を手に入れたのです。

人生の「、」を迎えて、
藤井恵はようやくゆっくりと深呼吸しています。
夢だけ追いかけて走り続けていた自分を
客観的に振り返る余裕が生まれてきました。
見えてきたのは恥ずかしさと、申しわけなさと、感謝の気持ち。
これから先も料理の仕事をしていくぞ、という決意。
そんな私のつぶやきをこの本にまとめてみました。
こんなに文章の多い本を作るのは初めてなので正直不安ですが
同世代や年上の方に「その気持ちわかる」と思っていただけたり
若い方に「50代ってなんとなく楽しそう」と感じていただけたら
こんなに嬉しいことはありません。

2021年6月　藤井恵

Days in
haramura

一日に何度も
笑顔になる
私が私に
還っていく

1 長野の別荘の庭には、以前住んでいた方が植えたハーブやお花が60種類以上あるという。玄関先の敷石のそばにびっしりはえているのはタイム。歩くだけでふんわりとタイムの香りがする。 2 リビングには薪ストーブ。エアコンとは暖かさの種類がまるで違う。薪がパチパチとはぜる音もやさしい。 3 6 7 原村の空を縁取るのはカラマツやシラカバ。天気や季節に合わせてくるくる表情を変えるから、何度空を見上げても見飽きることはない。いつだって「あぁきれいだなぁ」と言葉がこぼれる。 4 11 別荘のキッチン。大きな窓から光が入るから気持ちがいい。 5 リビングにはお気に入りの椅子が並ぶ。ここでぼんやりと庭を眺めるひとときが好き。奥のテーブルは、レシピを書いたり、メールをチェックしたりするワークスペース。 8 10 長野でも料理ばかりしている。ずっとやりたかった保存食作りに挑戦中。 9 地元の直売所で買ったねぎぼうず。こちらでしか手に入らない野菜を食べることも最大の楽しみ。

目次

Part 4 主婦卒業

Recipe

昨年、長野に小さな別荘を持った
一世一代の大決心だったけれど
人生における数々の選択の中でも
大正解といえる決断だった
みずみずしい野菜、おいしい水
「肩の力を抜いて」とささやく
気持ちのいい風
今日も原村の空は
笑顔で私を迎えてくれる

Part

笑顔の空

小さな挑戦の始まり

数年前から、50代という年齢をどうとらえたらいいのか迷っていた。

もともと、年齢を重ねることに否定的ではないつもりだ。40代の頃は早く50代になりたいと思っていたし、諸先輩方を見て60代、70代にならなければ気づけない楽しさや豊かさがあるということも教わった。

そうはいっても人には寿命があり、老いてもいく。いつまでこのままの生活が続けられるのだろうと考えることが増えてきた。

料理に関わる仕事は死ぬまで続けたいと願っているけれど、料理を作り、撮影し、レシピを書き、ただひたすらに走り続けてきたここまでの日々と同じことが続けられるだろうか。

老いの形はそれぞれだ。100歳でも元気な人も数多くいる。それでも人は確実に老いていくし、死は平等にやってくる。昨年、母を亡くしたことでその

Episode

50代になってみて

思いはますます強くなった。

漠然と、75歳という年齢が頭に浮かんだ。75歳までは好きなことができるかもしれない。だとすればあと20年。この20年という時間で、私は何がしたいんだろう。

人生のリスタートを告げる笛の音が、遠くに聞こえた気がした。

体のあちこちから聞こえる悲鳴

ここ13年、体のあちこちが順番にトラブルを起こしている。最初の異変は指だった。右手の親指と人さし指が麻痺《まひ》したように動かなくなった。ひじの神経の一部に損傷があったようで、完治までに1カ月半かかった。ようやく治ったと思ったら、今度は足が腫れて歩けなくなった。それが落ち着いたら背中が痛み始めた。入院して検査したが原因不明。体が落ち着いたら、歯が激しく痛み

1

天然酵母が ささやく声に耳を澄ませる

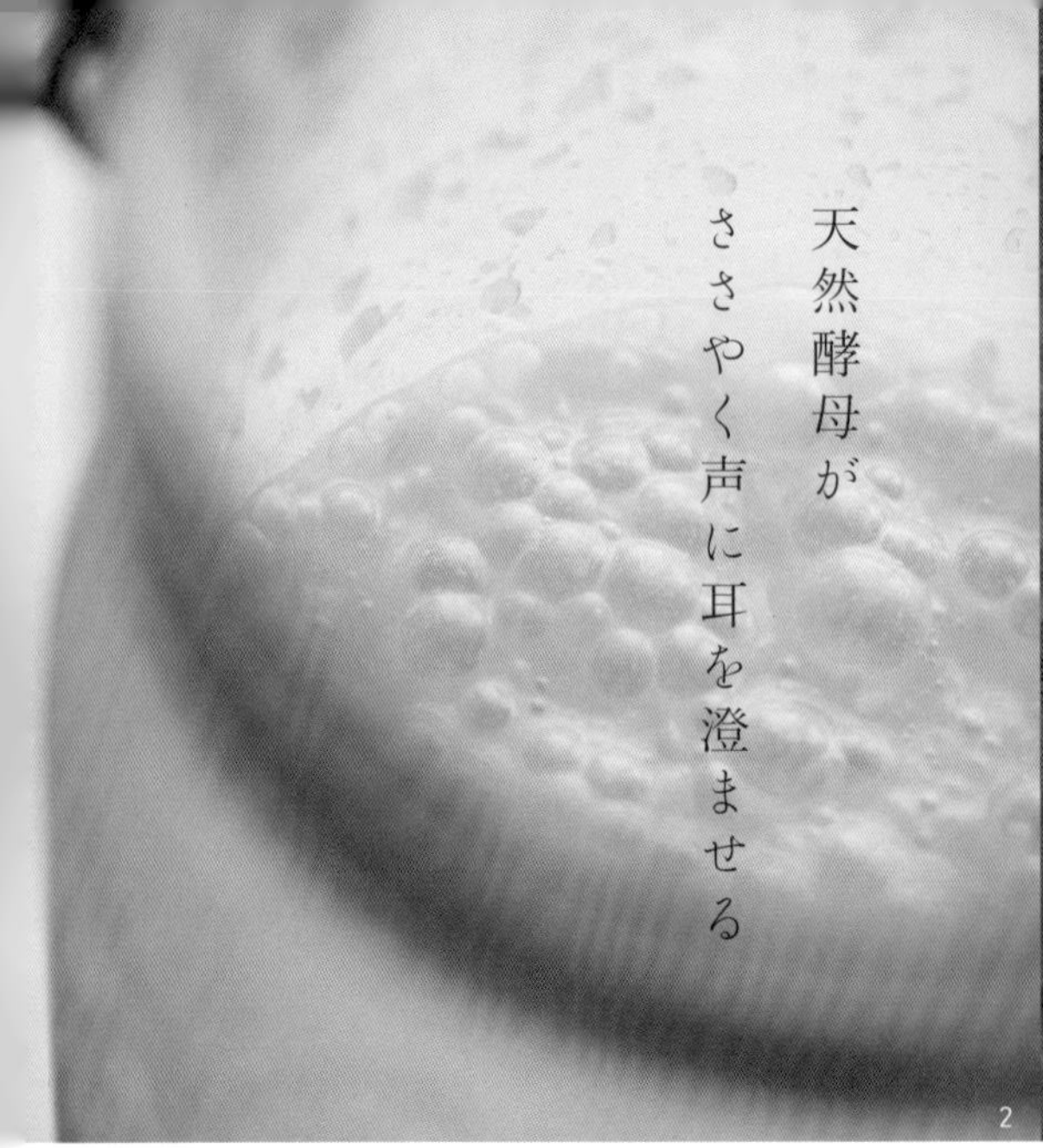

2

3　直売所で見つけた葉野菜いろいろ。この日は菜花、わさび菜、のらぼう菜、ルッコラ。驚くほど新鮮でみずみずしい。

3

1　キッチンの窓の外には木立が広がる。いろんな種類の野鳥がやってきて、かわいらしくさえずって飛び立っていく。料理中のBGMが野鳥の声だなんて、最高だ。　2　長野で生活していると、あまりにも静かで驚くことがある。瓶の中の天然酵母が発酵する音まで聞こえてくる。　4　原生林の間をぬって歩く私の散歩道。春になっても松ぼっくりが落ちてくる。　5　大好きな近くの小川。この写真は春先なので、雪どけ水で少し流れが速いけれど、夏には川遊びができそうなサイズ感。冬はこの川がまるごと凍る。東京では出会えなかった風景に毎日驚かされている。

始めた。寝ている間に無意識に歯を食いしばっていたらしく、奥歯が順々に3本割れた。なんという力みっぷり、我ながらあきれた。

そして5年前からアレルギー症状に悩まされている。足から始まった湿疹が徐々に上半身にのぼってきて暴れだした。激しい手湿疹のせいで、指の爪3本が剥離した。抜け毛が進み、頭にヤンキーのようなそりこみが入ってしまった。なんてこと。

命にかかわる病気ではないけれど、間断なく体調の悪さが続くのは苦しくてたまらない。食事を変え、飲み物を変え、洗剤を変え、衣類を変えた。そのつど少しずつ改善するが、トラブルの種は消えない。本当に変えなくてはいけないものが別にあると、私は感じていた。

東京から逃げることだ。仕事から少しだけ離れる場所を持つことだ。

といっても転居してしまう勇気はない。私も夫もフリーランスだけれど、東京にいなくてはできない仕事が圧倒的に多いのだ。

長野の四季に心惹かれて

東京ではない場所にセカンドハウスを持ちたいという漠然とした夢は、以前からあった。私が海の近くがいいと言えば、夫は絶対に山がいいと言う。そんなおしゃべりが、体調不良のせいでいきなり現実味をおびてきた。

本気で願うと何かを呼び寄せるものだ。ひとつは、デザイナーの天野美保子さんとの出会いだった。この本をはじめ、私の料理本のデザインを何冊か担当してくださっている天野さんは、デザインセンスだけでなく生き方のセンスも魅力的な方だ。自宅で野菜を育て、天然酵母のパンを焼き、地に足をつけた丁寧な生活をしている。でも、もっとすごいことをしていると知った。長野に土地を買い、ご夫婦で開墾しているという。開墾！　木を伐り、根を掘り起こし、庭を調えているそうだ。家を建てるのはまだこれからだけれど、自分たちで小屋を建てていると聞いた。

「夜のうちに長野に移動して、近くのビジネスホテルに泊まって、早朝から汗

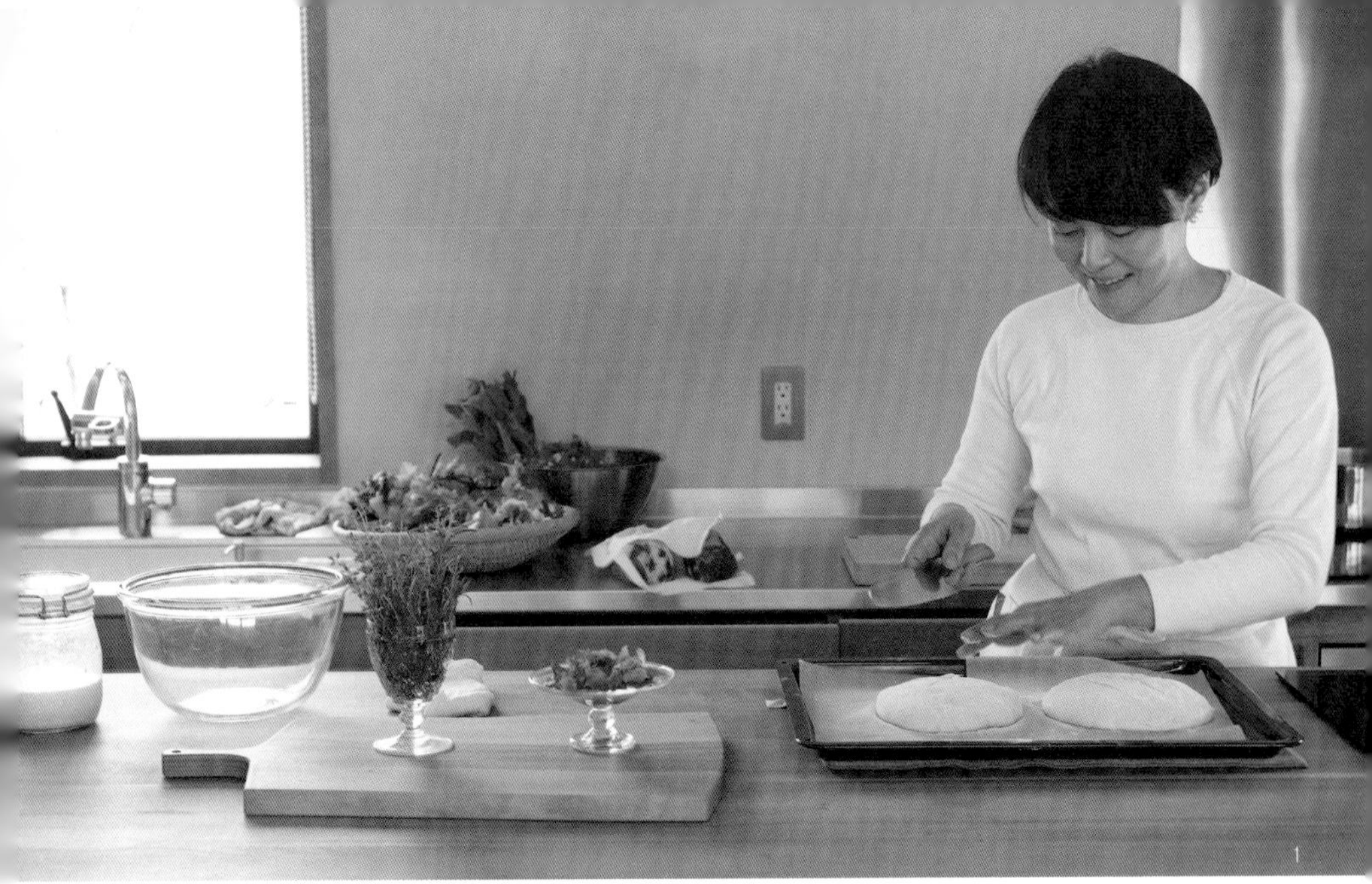

1

2　天然酵母のパンは、ドライイーストのように短時間では発酵しない。
発酵に適した温度の場所を探すのも楽しみのひとつ。

3

2

パンの焼ける香りに心躍らせる時間

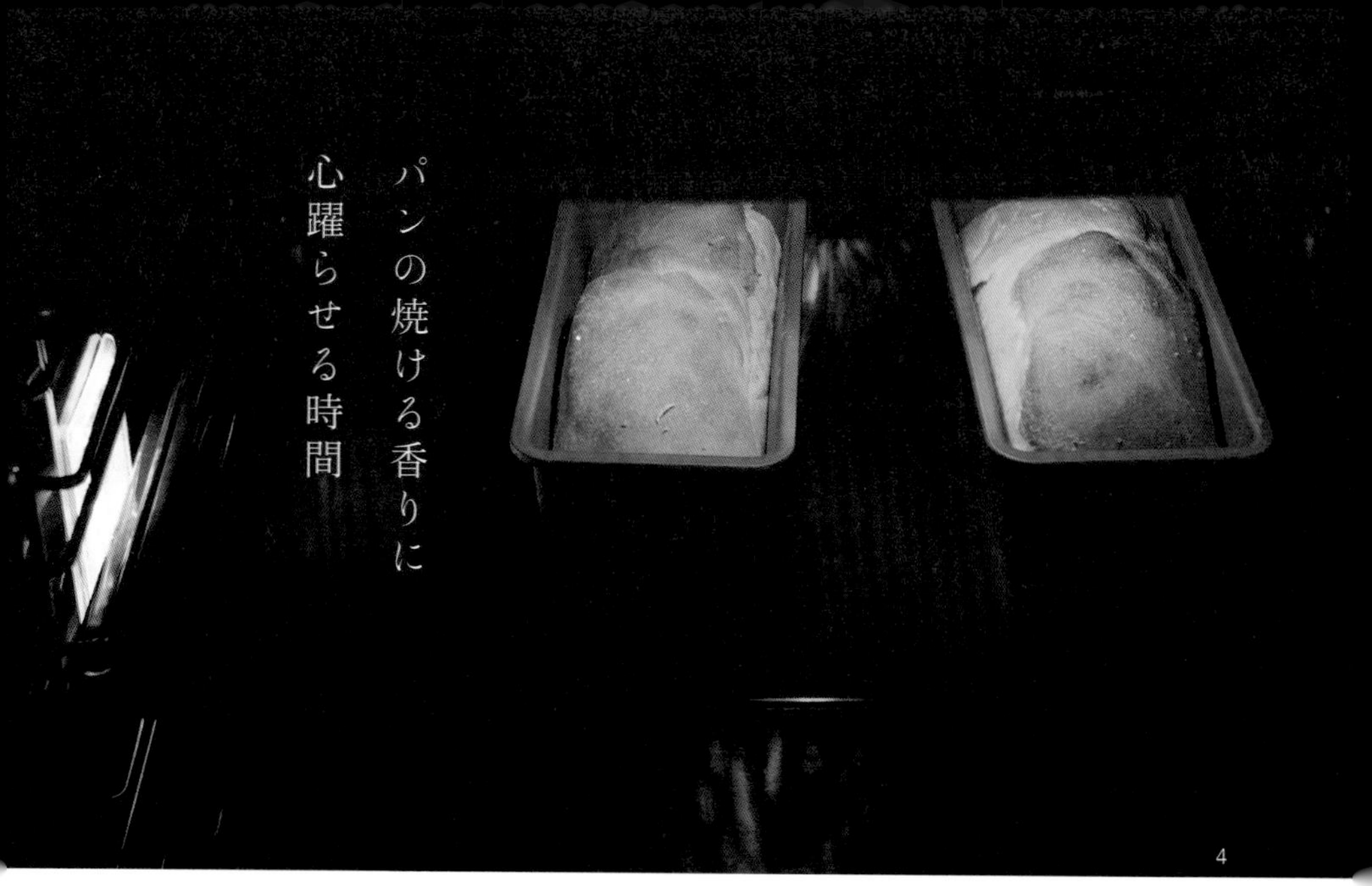

4

1　4　最近ハマっているのは酒種酵母。お手製の酒種酵母でパンを焼く。日本酒好きな私好みの味で焼きたてはたまらない。今回の酵母はやけに元気で、発酵しすぎて瓶からあふれてしまった。おとなしい酵母、やんちゃな酵母、個性によって生地の様子が変わる。まるく広げて焼いたり、型に入れて焼いたり。　2　薪ストーブのそばで2次発酵。おき火のほんのりした暖かさが発酵をうながす。　3　このあたりでは一年中いちごを栽培している。いちごで酵母を起こしてパンを焼くことも。　5　地元の木でできた小皿。天然木を切り出したものなので、1枚1枚表情が違う。　6　このあたりはどこの家にも、玄関先に薪置き場がある。薪ストーブは暖かいだけでなく、煮炊きもできるから好き。

6

5

だくになって働くの。それがもう楽しくて楽しくて。口に含む1杯の水でさえおいしくて、あぁ幸せだなぁって思うんですよね」

目を輝かせて話す天野さんがあまりに素敵で、私はうっとりしてしまった。アウトドアなどまったく無縁の人生だったはずなのに。

そんなこんなで長野で土地探しを始めた。でもなかなかいい物件とは出会えなかった。それでも夫と2人で長野のあちこちを車で走り、松本や飛騨高山の雑貨屋さんを巡り、ときには温泉宿に一泊する。春の新緑、夏の涼風、燃えるような紅葉、真っ白な雪山。長野の四季の美しさに目を奪われ、季節ごとのとれたて野菜のおいしさにテンションが上がる。

長野に通えば通うほど、心惹かれていくのがわかった。そして昨年、2度目の大切な出会いがあった。いまの別荘だ。

私は土地を買うつもりだったのだけれど、この別荘と出会って気持ちが変わってしまった。70代の女性がひとりで暮らしていた家だった。建物ももちろん素敵なのだけれど、庭にも惹かれた。山野草が60種類以上も植えられているのだ。庭を歩くといい香りがした。タイムだった。見るとそこらじゅう、タイムだらけ。「雑草と間違えないでね」と、元家主は庭にある植物のページに付箋をつけた植物図鑑を残していってくれた。

家も庭も、愛情をこめて丁寧に暮らしてこられたことがわかる。それを引き継げるのだ。私のような幸運な人はきっといない。

気がつくといつも笑っている

2020年9月、ついに長野県の原村に別荘を持つことになった。

それからは、3日でも休みがあれば恋人の家に通うがごとくウキウキと高速に車を走らせる。運転するのは夫だけれど。なんとかスケジュール調整しながら、秋、冬、春の自然を堪能していまに至る。

どの季節に訪れても、空も山も風も雨もすべてが心地よい。「ああ、きれいだ」「いい気持ち」という言葉が、一日に何度も口からこぼれる。気がつけば笑って

2

1

3 別荘の裏庭で、乾いた小枝を拾うことが習慣に。薪ストーブに火をつけるときに欠かせない。

4

3

6

5

1　元の家主さんが残していってくれた小さな図鑑。庭に植えられた山野草や、季節ごとに訪れる鳥たちのページに付箋がつけられている。この家で過ごす時間の楽しみ方まで残していってくれた。　2　お気に入りの散歩コース。ここをもう少し歩けばカフェで地ビールが飲めるのだ。　4　6　7　東京ではあまり見かけない花も多い。季節が変わるたびにどんな花が咲くかワクワクする。　5　別荘のある場所は標高1318メートル。気圧が低いため一般的な炊飯器ではごはんがうまく炊けず、圧力鍋で炊いている。東京から持ってきた卵をゆで卵にしたら破裂したことも。

7

季節が変わるごとに
表情を変える森が好き

いる自分がいる。

朝の光がこんなに美しいとは知らなかった。木の枝がキラキラ光っていると思ったら、水の粒がくっついているのだ。

窓から見える木々には野鳥がやって来る。お正月にはキジが遊びに来てくれた。家の壁をキツツキがつつくのは大迷惑だけれど、鳥たちの元気な声はちっともうるさく感じないから不思議。

家の近くには小川が流れていて、そこが私の散歩コースだ。カラマツ林の小径を抜けると、自然園に併設されたカフェがある。八ヶ岳を眺めながら、真っ昼間に飲むクラフトビールのおいしいこと。生きていてよかった。

夜には天窓から月や星が見える。原村は日本で一番星空がきれいといわれる場所のひとつだそうだ。星が塵《ちり》のように浮かび上がる。天の川が肉眼で見えるとは、まさに映画『スター・ウォーズ』のトップシーンみたいだ。月明かりで影ができることも初めて知った。月光ってこんなにも明るいものだったのか。

原村に通うようになって数カ月、気がつくと手指の湿疹が消えていた。

旬の野菜しかないという贅沢

長野では何をしているんですか？　と、よく聞かれるのだけれど、正直、たいしたことは何もしていないのでお恥ずかしい。

庭の手入れをし、買い物に行き、料理を作り、お酒を飲んでもりもり食べる。それだけだ。東京にいるときと、実はあまり変わらない。でも長野で作る料理は、私にとって特別なものになっている。

ここで作る料理はすべて自分が食べるためのもの。キッチンカウンターに夫と2人で向き合って、地酒や地ワインを飲みながら、食べたいものをどんどんテーブルに出していく。野菜は旬のものばかり。……というか、旬のものしかないのだからどうしようもない。たまらなく新鮮でびっくりするほどおいしいのに、あきれるほど安い。これ以上の贅沢があるだろうか。

地元の卵と牛乳と野菜で

1

2

3 長野の別荘に来るとなぜか洋食メニューが増える。朝食はスクランブルエッグと焼きたてパン。左下はかぶの葉のポタージュ。

3

5

4

1　洗いものを減らすため、スクランブルエッグはフライパン1つで作る。卵と牛乳、塩、こしょうをフライパンに直接入れて混ぜ、バターを追加。そのあとでコンロの火をつけるので、ボウルを使う必要がない。　5　サラダも同じ。サラダボウルに直接、塩、こしょう、ビネガー、オイルを入れて乳化するまで混ぜ、そこに野菜を入れてあえる。こうすればドレッシングを別の器で作る必要はない。　2　4　7　アスパラガスやたけのこなど、使う野菜はすべて地元のもの。　3　手作りパンに添えるバターは長野の牧場で作られたものを選ぶ。　6　焼きたてのパンを食べる至福のとき。

Recipe p.150

7

6

「待つ」ことの喜びを堪能中

もうひとつ、私は特別なものを作っている。ずっとずっと作りたかったもの。それが発酵食品だ。

料理研究家になって20年以上たつけれど、保存食系の仕事を依頼されたことはない。「みそづくり」「梅干し作り」などはベテランの方たちに依頼されることが多く、私には、手早く簡単に、さっと作れるものが求められてきた。でもそれは言い訳だ。作りたかったら自分のために作ればいいのだ。ということで、最初に始めたのは梅干し作りだった。これは10年ほど前に東京で作り始めたころ、そのうまみの虜になってしまった。ただ、東京での土用干しは「排気ガスが含まれていそうだなぁ」と気になっていたので、今年からは長野で干すことにした。絶対に味が違うはず。

長野でつくり始めたのがみそだ。みそも以前からつくってみたかったけれど「都会は気温が高いので、なかなかうまく発酵させられない」と聞いて二の足を踏んでいた。でも長野なら大丈夫。昨年11月に張りきってみそを仕込み、いまは熟成の真っ最中だ。

天然酵母のパンも、長野に来るとがぜん焼きたくなる。酒種酵母はもちろん、いちごなどの果物でも酵母を起こしている。ドライイーストとは違ってゆっくり時間をかけて発酵するので、気温や室温と相談しながら、あっちに置いたりこっちに置いたりしてふくらみ方の違いを研究中。

天然酵母は生き物だ。瓶に耳を寄せるとポコポコとささやく声が聞こえる。生きているんだなぁと改めて感じる。酵母が育つのを待つことが、こんなに幸せだなんて知らなかったなぁ。

そうなのだ。この年になっても、これだけ料理研究家としての経験を積んでも、いまだに知らないことが山ほどある。忙しく駆け回ってきた日々の中で、気づかないうちにたくさんの落とし物や忘れ物をしてきた気がする。立ち止まって、拾い集めていこう。ひとつずつ、ゆっくりと。

1

2

3　太陽が沈むとあたりは真っ暗に。夜の外出は、懐中電灯よりもヘッドライトが便利。転んだときのために両手はあけておく。

3

4

こんな星空『スター・ウォーズ』でしか見たことがなかった

5

1　本日のお酒のおつまみは、塩ゆで豆。長野産の鞍掛（くらかけ）豆を水で戻し、塩でゆでるだけ。豆そのもののおいしさをじっくり味わう。　2　カウンタースツールは飛騨の工房で買ったもの。もう1脚欲しいけれど、手作りだから順番待ち。　4「すんき」とは長野伝統の漬け物。酸味が強く、乳酸菌たっぷり。クセになるおいしさ。今夜はおそばにまぜて山菜そば風に。　5　原村は星の美しさで知られている。天体観測イベントなども定期的に行われているそうだ。　6　7　日が暮れたら別荘は「居酒屋・藤井」に。おすすめは地元の野菜料理。素材そのもののおいしさをどう引き出すかが、おかみ（？）のこだわり。

7

6

専業主婦だった私は
料理の仕事につくという夢を
ぶすぶすとくすぶらせて生きていた
できることは料理を作ることと
ノートに書き記すことだけ
まだ何者にもなれていない私の
必死の料理を食べ続けてくれたのは
家族だった

家族

Part 2

私の原点
節約レシピ

私が「料理研究家」を名乗れるようになったのは、30歳を過ぎてからだ。料理研究家には「いいご家庭のいい奥さま」のイメージがあるのだろう。私もネットで「セレブ料理研究家」と書かれたことがあった。

セレブだってさ。笑っちゃう。私の極貧時代を知らないいな？

22歳で結婚してから10年弱、私たち夫婦にはびっくりするほどお金がなかった。財布の中のお金を全部かき集めても100円に満たないこともあった。

お金がないと、しなくてもいいケンカをする。あるとき私は夫に向かって叫んだ。「もう実家に帰らせていただきます！」。安っぽいドラマのセリフみたいな私の言葉を聞いて、夫はこう言った。「ぼくも連れてって」。

コントみたいだけれど、実際にそのくらい逼迫していたのだ。

思えば最初から、無計画な結婚だった。私は大学生のときから、恩師の出演

Episode

野菜の皮の"極貧きんぴら"に救われて

している料理番組でアシスタントの仕事をさせていただいていた。卒業してもその仕事を続けたくて、就職はしなかった。「どうせ就職しないんだから結婚しちゃえ」と、当時つきあっていた2歳年上の夫と、卒業と同時に結婚した。彼はフリーランスの照明技師……といってもまだアシスタント。つまり、2人とも定収入はない。なのに「なんとかなる」と思っていた。若かったし、バブルだったし。

3年後、私は長女を妊娠した。同じ頃、恩師は長年続けていた料理番組を卒業し、私には戻る場所がなくなってしまった。出産を経た私は、自動的に専業主婦になった。

気がつけば平成不況の真っただ中。コマーシャルを中心に仕事をしていた夫の収入は激減し、あっという間に貯金が底をついた。生まれたての赤ちゃんには何かとお金がかかる。ちゃんと食べなければ母乳も出ない。少しでも安く、少しでも栄養のあるものを。毎日毎日、財布を開いては「今日は何が食べられるだろう」と考える日々を過ごしていた。そしてついに持ちこたえられなくなり、親子3人で実家に転がり込むことになってしまったのだ。

2

1

3

1　3　5　お金がなかった頃、野菜の皮も切れ端も絶対に捨てなかった。よく作ったのは大根の皮のきんぴら。むいた皮は日に当てて干して、ビニール袋に入れて冷蔵庫に保存。1本分たまったら、細切りにしてきんぴらに。　2　娘たちが幼い頃の母との写真。収入が途絶え、貯金が底をついたとき、母が笑顔で受け入れてくれたことが救いだった。　4　専業主婦だった頃に書き続けた料理ノート。料理の仕事につなげるための、希望の細い糸だった。実は次女を出産したあと、自宅で料理教室を始めたことがある。長女の幼稚園のママたちに声をかけ、参加費は材料費2,000円だけ。破格の安さはクチコミで広まり、毎回満席だった。が、食器をそろえ、花を飾り、前菜からデザートまで7品の食材を用意していたら毎回赤字。続けられなかった。

4

5

細切りにした大根の皮は、ごま油でアツアツになるまで炒めて、
しょうゆ、砂糖、みりんで味つけする。割合は2：1：1。

ひたすら食事を作り、記録する

突然の同居を、母は歓迎してくれた。父はすでに亡く、母はまだ働いていた。私は実家のキッチンに立って食事を作ることになった。

といっても食費まで母に甘えるわけにはいかない。できるだけ切り詰めて料理をするのは、それまでと同じだ。頼りになったのは大根、キャベツ、白菜などの大物野菜だった。大根の皮も、キャベツの芯も、何ひとつ捨てなかった。少しの肉で満足できる餃子は、何度作ったかわからない。娘たちはいまだに「うちの餃子は世界一」と言ってくれるのだけれど、そう言ってもらえるだけの試作を重ねた。貧乏という経験が、いまの私の土台にある。

作った料理はすべて、毎日毎日記録し続けた。分量、作り方、前回と何を変えたのか。びっしり書き込んだノートはいまも残っている。

料理研究家をめざすならば、20代後半という年齢は重要だ。師匠について修業を重ね、経験を積み、次のステップをめざすべき時期だ。にもかかわらず、当時の私は幼い子どもを育てる主婦でしかなかった。あふれる夢とくすぶる心。不完全燃焼の毎日の中で、その日作った料理をノートに記すことだけが、私にできる唯一のことだった。

あるとき、『主婦の友』（現在休刊）という雑誌の「私の冷蔵庫整理おかずのコツ」というページに出させてもらうことになった。不況が続くなか、読者のリアルな節約体験が求められていたのだ。取材に来てくれた若い編集者さんに、私は料理ノートを見てもらった。料理の仕事がしたい、いまは子どもも小さくてあまり動けないけれど、手が離れたら料理の世界で生きていきたいと、真剣な思いを打ち明けた。笑い飛ばされても仕方がないような、素人の夢物語だ。でもその方は真剣に私の話を聞き、こう言ってくれた。

「料理研究家に年齢は関係ありません。いまできることをコツコツ続けていけば、きっとチャンスが来るはずですよ！」

2年後、本当にチャンスが訪れた。創刊したばかりの新米主婦向けの雑誌で、私は初めて「料理研究家」として誌面に登場させてもらったのだ。経験も実績も自信もなかったけれど、私は走り始めることを決意した。

3

1

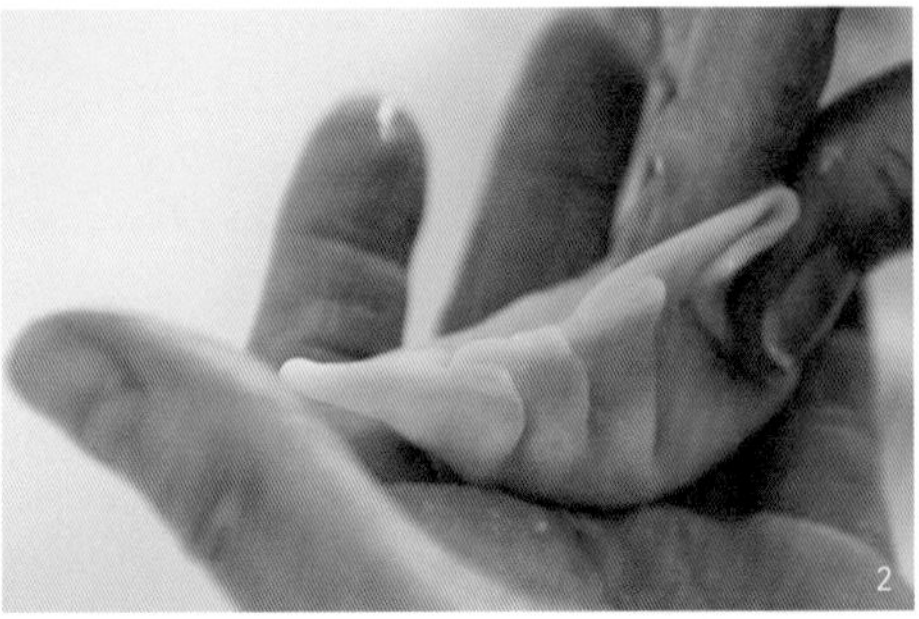

2

1　具は季節によって白菜だったりキャベツだったり。キャベツは、細かく刻んだら塩もみする。水分をしぼりすぎると肉だねがかたくゴワゴワするので、手で軽くしぼる程度に。　5　6　皮の縁を少し押しのばして薄くしておくと包みやすい。肉だねを皮にギュッと押しつけてから包むと、焼きあがったあとに中でたねが動かない。　2　包み方は自由。私は左右から中央に向けてひだを寄せるのが好き。3　多く作りすぎたときにはバットにのせたままで冷凍し、かたまってからジッパーつきの保存袋に移す。　4　薄く焼き色がついたら水を入れて蒸し焼きに。水けが飛んでピチピチと音がしてきたら、最後にごま油を回し入れてこんがり焼き色をつける。焼き時間は7～8分がベスト。

4

6

5

肉だねに味がついているので、つけだれは酢とこしょうのみ。
でもそこは、ご家庭のお好みでどうぞ。

Recipe p.155

愛を詰めすぎたお弁当

いつのことだっただろう。自宅で料理の撮影があったとき、編集の方が娘に何気なくこう聞いたのだ。「ママの料理で何が一番好き?」。

娘は少し困ったような顔をして「わかんない」と答えた。たったそれだけのことなのに、のどに刺さった小骨のようにずっとひっかかっていた。

29歳で次女を出産してから、わが家の運気は上向いた。夫にも私にも仕事が舞い込んでくるようになった。実家を出て、郊外の街のさらに奥に家を建て、料理スタジオをつくった。

駆け出しの料理研究家の私は、あまりに未熟だった。作り方も、盛りつけも、プロのレベルとは言いがたい。ベテランの料理編集者さんに教わり、導かれ、待ってもらい、やっとこさっとこ料理研究家としての経験を積んでいた。だからこそ、舞い込む仕事はどんな小さな仕事でも、どんなにハードな仕事でも断

Episode
家族と仕事のはざまで

らなかった。昼間は料理を作って撮影し、夜は翌日の準備をしてレシピを書いた。30代の頃、ベッドで寝た記憶はない。うたた寝したまま朝を迎えるのが日常だった。

それでも私は、子育てが一番、仕事が二番、自分のことはいつだって最後にしていた、つもりだった。朝食と夕食は必ず家族で食べていたし、幼稚園から私立の一貫校に子どもたちを通わせたのも、塾通いで家族の時間を奪われることが嫌だったからだ。もちろん自然にあふれた学校の立地や、自由な校風も大好きだったのだけれど。

自宅にスタジオをつくったのも、学校から帰ってきた娘に「おかえりさない」と言うためだった。どんなに睡眠不足でも、幼稚園から高校まで毎朝お弁当も作り続けた。母親の出番が多い学校だったから、仕事を調整して顔を出した。私がもっとも大事にしているのは子育てだ、と思っていた。

でも、「おかえりなさい」を言えばいいわけじゃない。家が仕事場だから、私はいつも仕事の途中。帰宅時だけではない。朝も夜も私は常に仕事を抱えて生活していた。100%ママの状態で子どもと向き合えた時間なんてあったのだろうか。

ワンパターンこそ「家庭の味」

Recipe p.151

これが藤井家の人気ナンバーワンお弁当。肉が魚になったり、野菜の種類が多少変わることがあっても原則としてワンパターン。

2

1

お弁当はすべて卵焼き用のフライパンで作る。最初に野菜をゆでて、次に卵を焼き、最後に肉の調理をする。水も油も少量ですむし、順番を守れば、フライパンを途中で洗う必要がない。

1　卵焼きは甘い味つけ。これは私の母の味。砂糖が入ることで冷めてもふっくらやわらか。強火で焼くのもやわらかさのコツ。　2　キッチンペーパーでさっとフライパンをふいたら、油を入れてから揚げを揚げる。油は鶏肉の半分がつかる程度で十分。こまめにひっくり返すときれいに揚がる。　3　詰めるときには、卵焼きを先に、野菜を入れて最後にから揚げ。　4　ブロッコリーは3%の塩分のお湯でゆでる。塩味がしっかりつくので、マヨネーズなどは不要。　5　娘が幼稚園のときに毎日つけていたお弁当の記録。食が細い長女に、なんとか食べてほしいと必死だった姿がにじみ出る。心配しなくて大丈夫、小学生になったらなんでもよく食べるようになったよ。

3

5

4

お弁当は一方通行のラブレター

家族の食事も手抜きしなかった。365日×3食、同じメニューなんてないくらい、バリエーション豊富な料理を作り続けた。でもそれには裏の事情があったのだ。当時、若手料理研究家だった私に求められていたのは定番料理ではなかった。きんぴらごぼうを作るときでも、イタリア風、中華風、エスニック。卵焼きだって何十種類も考える。そしてそれを、食卓に並べて家族に「試食」させていた。毎日違うプロの味。その何が悪いのか、いまならわかる。娘たちの舌には「お母さんの味」として残らなかった。覚えるヒマがなかった。だから娘は「ママの料理で何が好きか」と聞かれても答えられなかった。

よく「献立がワンパターンだ」と悩んでいるママの声を聞くけれど、お母さんは同じ料理を作り続けるのがいいのだと、私は確信している。いつも同じだから、今日は味が薄い、今日は濃い、今日はかたすぎる、そういうことがわかる。その繰り返しの中で、子どもの心に「お母さんの味」が残る。

家庭料理はワンパターンがいい。そう気づいて、真っ先に変えたのはお弁当だった。最初の頃は、誰もが「おいしそう」と思うプロらしいお弁当を作っていた。でも、少食だった長女の残す量は増えていった。ママのいない幼稚園、そこで唯一「ママに会える」のがお弁当箱の中。そこに詰めてほしいのは、プロの味ではなくてママの味だった。

藤井家のお弁当は、いつも同じだ。甘い卵焼き、ブロッコリーの塩ゆで、肉類を少し。お弁当は同じだけれど、思い出は多彩だ。食の細い長女がお弁当箱をからっぽにして帰ってきた喜び、冷ましている時間がなくてステンレス製のお弁当箱がアイロンみたいに熱くなってあせったこと、〝野生児〟の次女が1ℓのお弁当を持っていくようになった驚き。「汁もれしてたよ！」と文句を言われたり、「お弁当箱を出して！」と文句を言ったり。

お弁当は、私から娘たちへの手紙だった。忙しくて話す時間が少ないぶん、彼女たちが大好きなおかずを詰めることで「今日もがんばってね」「応援しているよ」、そんな思いを届けていた。一方通行のラブレターみたいなものだったのかもしれない。

幼稚園や学校で
がんばるわが子に
届けたいのは
いつもの「うちの味」
特別じゃなくていい

涙のシフォンケーキ、笑顔のブラウニー

夫婦に〝氷河期〟があるとすれば、私にとっては30代半ばからの7年間だったと思う。私の仕事が急激に増えた一方で、夫の仕事が再び激減した時期だった。私は寝る間もないほど忙しかったのに、仕事のない夫はお皿一枚洗ってはくれなかった。子どもたちの通う小学校では、保護者会が月に一度必ずあった。ほかにもお楽しみ会やら遠足やらイベントの多い学校で、そのつど親が手伝いに行く。それもすべて私の担当だった。

フリーランスの夫は、仕事がなければ家にいる。私の料理スタジオは自宅だったから、仕事が立てこむほど家での撮影が増える。仕事のない夫と、仕事に追われる私。ひとつ屋根の下で、激しいケンカや冷たい戦争が定期的に繰り返された。当時のアシスタントさんが後にこう言った。「スタジオに入るとすぐわかるんです。空気が張り詰めていて、今日はケンカしてるなって」。やっぱりそうだったか……。

私は何もしない夫に腹を立てながら、家事も仕事も子育ても全部自分で抱え込んだ。それが私なりの闘いだった。でも彼だって、私に腹を立てていたのだろう。がむしゃらに走り続ける妻に、言えずに飲み込んだ言葉は山ほどあったはずだ。理解し合おうとしなかった責任は、夫婦に等分にある。

そんな空気があったせいか、単に思春期だからなのか、子どもたちの口数が減っていった。次女が中学生の頃、学校でいじめにあった。携帯電話が真二つに折られ、トイレの汚物入れに捨てられていたと聞いた。冷静に考えればとんでもないことだ。でも娘は詳しいことを話さないし、やった子も家に遊びに来ていた子だったし、大問題ではないんだろうと考えて学校に相談しなかった。いや、それは言い訳だ。忙しすぎて娘のことを考える余裕がなかっただけだと、いまなら認める。情けなくて涙が出る。

解決してくれたのは、長女だった。自分の友だちといっしょにその子に会いに行って、「妹をいじめるのはやめて」と言ってくれたらしい。妹にも「学校を休んだら負けになる。絶対に休んじゃダメ」と励まし続けたそうだ。次女にも味方になってくれる友だちがいたようで、なんとか平穏な生活に戻ることがで

シフォンケーキは
「ママの味がする」
Chiffon cake

Recipe p.154

なぜだろう。シフォンケーキが焼きあがると幸せな気分になる。
切りながら必ず笑顔になる。ふわふわの魔力。

Brownie
アレルギーの子も
そうじゃない子も
いっしょに

卵やバター、牛乳、砂糖を使わなくても作れるお菓子は、
誰でも安心して食べられる。もちろんおいしくなくちゃダメ。

Recipe p.154

きたらしい。全部あとで知ったことだ。

ああ。振り返れば、やり直したい場面がたくさんある。もっと子ども目線で考えてあげればよかった。もっといっしょにいる時間を増やせばよかった。仕事は半分くらいにして、子どもと向き合わなくちゃいけなかった。仕事はあとでもできるけれど、子どもはすぐに大きくなっちゃうのだ。

おやつは「ママの味」だった

あれはいつのことだっただろう。私がたまたま子どものおやつにシフォンケーキを作っていたら、長女が「手伝ってあげる」と言ってくれた。できあがったシフォンケーキを食べ始めたとき、長女はポロポロ泣きだした。「ママの味がする」と言って。

あの日の長女の涙にどんな意味があったのかは、いまもわからない。私が原因だったのか、学校生活で何かつらいことがあったのか。それでも、私のシフォンケーキが固く閉じていた思春期の心のドアを、少しだけ開けたような気がした。貧しかった頃、市販のお菓子が買えずにおやつはすべて手作りだった。プリン、ブラウニー、オレンジゼリー、そしてシフォンケーキ。どれも娘たちのためだけに作っていた。あれこそが娘たちにとっての「お母さんの味」だったのかもしれない。

子どもの友だちが家に遊びに来るようになってからは、お友だちにも手作りのおやつをふるまった。そのなかに食物アレルギーの子がいて、ひとりだけ別のお菓子を食べていることに気づいた。次に来たとき、卵と牛乳を使わないでおやつを作ってみんないっしょに食べたら大好評。その子はもちろん、娘も心から喜んでくれた。「みんなで食べられるのっていいね。おいしいね。ママありがとう!」って。あのときの笑顔、最高だったなぁ。

よかった、いいことも思い出せた(笑)。子どものためにしてあげられたことも少しはあったんだ。失敗だらけの子育てだったけれど、その中にもきらめく思い出がたくさんある。もしかしたら、それが子育てというものなのかもしれないな、なんて、思うこの頃。

1　私のシフォンケーキは卵黄と卵白が同量。卵黄が余るのが嫌でレシピを見直したら、どういうわけかさらにおいしくなった気がする。 2　焼きあがったら逆さまにして冷ます。　3　シフォンケーキは型にバターなどを塗らないので、パレットナイフで丁寧に型からはずす。

Sweet memories

当時小学生だった次女と雑誌でケーキを作ったときの写真。お互い若かったなぁ。

4　バターや卵を使わないぶん、コクをどうやって出すかが課題。このブラウニーには白練りごまを加えて深みを出している。しかも口の中でホロリとくずれる感じも作り出せる。　5　お菓子が焼きあがるときはいつもワクワク。　6　材料を順番に混ぜるだけなので、生地はあっという間にできる。　7　くるみは先に軽くロースト。

ありがとうのちらしずし

母が86歳で亡くなってから、1年と半年が過ぎた。

80代になって、母は物忘れがひどくなった。それでもひとり暮らしを続けていたから、ちょくちょく実家に作りおきのおかずを持って顔を出した。次に行くと、料理は手つかずのまま冷蔵庫の中で腐っていた。

忘れてしまうのはしょうがない。悪気があるわけじゃない。でも何度も続くと悲しくなる。だから母のちょっとした言葉にカチンときて、結局ケンカになってしまう。母を喜ばせるために行ったはずなのに、最終的に傷つけちゃったら意味がないじゃん！と自分を責める。帰り道に涙がこぼれた。

ほどなく、母は急性腎不全になって緊急入院してしまった。入院生活を続けるなかで認知機能は急激に低下し、ありもしない妄想を言うようになった。退院のときにはもう家でひとり暮らしはできなくなり、施設に移った。

施設が合わなかったのか、今度は暴れ始めた。おむつをはずして投げつける母など、見たくはなかった。母は何をしたいのか、私たちに何を訴えたいのか、何もわからなくなっていった。

私が料理研究家になり、テレビや雑誌に出させてもらっていることを、誰よりも喜んでくれたのは母だった。私が初めて雑誌に出たときには、大喜びして20冊以上買って親戚一同に配ってくれた。テレビの料理番組に出たときには、周囲に自慢しているのを聞いた。嬉しかったけれど、恥ずかしい気持ちのほうが大きかった。

母自身は、料理が好きでも得意でもない人だった。食卓にのぼる料理の多くは茶色くて、味つけはほとんどが甘辛かった。父が小さな工務店を営んでいたので、職人さんがしょっちゅう出入りしている家だった。肉体労働の若者たちのおなかが、手っ取り早く満たされるメニューを選んでいたんだろう。大きな鍋でたくさん作った茶色いおかずが、あっという間になくなっていくのは爽快だった。私は椅子にのって料理を作る母の手元を見るのが大好きだった。

母からは「勉強しなさい」も「こんなことしちゃダメ」も言われた記憶はな

思い出の味はちらしずし
娘2人のお節句と
大好きな母の誕生日を祝う
春色の定番メニュー

Recipe p.155

Recipe p.156

Recipe p.157

い。それは中学生のときに父が亡くなってからも変わりはしなかった。母はいつだって、私のしたいことを全力で応援してくれた。だからお金がなくて転がり込んできた娘のことも、あたたかく迎え入れてくれたのだと思う。「自由に生きなさい。困ったときは戻っておいで」という母の姿勢があったから、私はいまの私になれたのだ。

「おいしいね」は愛の言葉だ

母の認知機能が急激に低下したとき、私は気づかされた。感謝の気持ちを素直に伝えたことがあっただろうか。言うならいましかないんじゃないの？ 母が一時帰宅したとき、私は母と向き合った。理解してくれてもくれなくてもいいから気持ちを伝えようとした。「お母さん、何もできなくてごめん」「私は冷たい娘だね」「本当にありがとう」と。どうしようもなく泣けてきて止まらない私に、母はやさしく「泣かないで」と言ってくれた。私の言葉を理解できたかどうかはわからないけれど、母の声はあたたかかった。私を心から大切に思ってくれていることが伝わった。どんなに変わったように見えても、母は母で、私は娘だ。ずっとずっと、これまでも、これからも。

母との思い出の料理は何かと聞かれたら、迷うことなく「ちらしずし」と答える。母の誕生日は3月3日。必ず私はちらしずしを作り、母の元を訪ねた。お金がない頃、苦肉の策で作った塩鮭ときゅうりの混ぜずしだって、母は「さすがだね、おいしいね」と感激して食べてくれた。嬉しかった。

願わくば、もう一度母の「おいしいね」の声が聞きたい。母はいつも、どんな料理も「おいしい」「おいしい」と言って食べてくれた。「おいしい」の言葉には手放しの愛情がこめられていた。

でもね、お母さん。私だってお母さんの茶色いおかずが大好きだったんだよ。同じ味を何度再現しようと思っても、絶対にあの味にならないの。それが「お母さんの味」なんだね。

3

4

5

6

7

1

1　ひな祭りのお祝いに、インスタントカメラで撮影するのが一時期ブームだった。昨年亡くなった母の遺品の中から出てきたこの写真には、見慣れた母の字で私たちの名前と年齢が書かれていた。この字で「恵　55歳」と書いてもらうことはもうできない。　2〜7　お金がなかった時代の定番の混ぜずしは、安く手に入れられる食材で作っていた。それでも塩鮭の安定感のあるおいしさで、絶対的な人気メニューに。おすしを混ぜるのは、九州で購入した木の器。内側に角がないので米粒がひっかからない。

2

2

3

4

5

6

1

1　母の作る「豆あじの甘露煮」は、揚げてから煮るレシピ。子どもの頃、私と兄たちは揚げたてのあじを食べるのが大好きで、煮始める前につまみ食いをした。大きな鍋いっぱいに煮ていた豆あじは、いつ食べても本当においしかった。　2～5　薄焼き卵をきれいに焼くには少しだけコツがいる。卵2個に対して、小さじ1杯分のかたくり粉を3倍の水に溶いて入れるのだ。弾力性が高まって破れにくくなる。ダマにならないように丁寧に混ぜて、最後に濾すことでなめらかな仕上がりに。　6　薄焼き卵のはしっこのギザギザしている部分は、細かく刻んですしめしの中に混ぜ込んでしまう。無駄がないだけでなく、色合いもきれいに。

7

お赤飯はエール

長女が結婚することになった。韓国で働く娘は、現地で知り合った青年と人生をともに歩むことを決めた。

報告を聞いたものの、コロナ禍で実際に会うことができず、顔合わせはリモートで。彼はまだ日本語が上手ではないからと、ひらがなで書いたカードを読み上げてくれた。「お嬢さんはぼくの心を明るくしてくれる人です」「彼女はぼくが守ります」。日本語はたどたどしかったけれど、彼の誠実な思いは画面越しにも伝わってきて、不覚にも涙がこぼれてしまった。

長女は生まれたときから食が細く、母乳も少し飲むと満足して寝てしまうような子だった。体重が増えず、体も小さくて、しょっちゅう熱を出していた。ちゃんと育つのか、いつも私は心配だった。次女は真逆で、鼻水をたらしながら外を走り回り、鼻水に土がついて口のまわりがガビガビのまま遊ぶ〝野生児〟

だった。よく食べ、よく遊ぶ次女を見て、この子は安心だろうとタカをくくっていた。そうしたら前述したように、中学生のときにいじめにあった。次女を守ったのは、繊細だと思っていた長女だった。

子どもは、親の予想を超えて千変万化する。穏やかなしっかり者に育った長女だったけれど、就職してすぐにつまずいて立ち止まってしまった。迷い悩んだ末に、大好きだった韓国でしばらく暮らすと決めて旅立った。そこで仕事を決め、恋もして、水を得た魚のようにのびのびと生きている。

中学校でつらい経験をした次女は、カナダの高校に進学した。15歳で私の手元から飛び立っていったときには、さすがに私もさびしくてたまらなかった。日本を出発する日、大泣きする私を見ても次女は涙をこぼさなかった。そして一度も振り返らずに、出国ゲートに消えていった。

便利な時代で、海外にいてもインターネットでいつでも通話できる。娘とは週に1回ほど話すことができた。淡々と近況報告する娘だったが、3カ月たったある日、突然ボロボロと泣き出した。ああ、がんばってきたんだな。小さな体で必死に感情を抑えていたんだな。空港で振り向かなかったのも、泣かない

お赤飯はいつだって
「がんばったね」
「応援しているよ」
という私からのメッセージ
言葉はなくても伝わる思い

Recipe p.157, 158

私の第二のふるさとは
夫の故郷である広島
地元の白みそで
義母の豚汁の味を受け継ぐ

決意をしていたのだ。

ステイ先のファミリーがいい方たちだったのが救いで、次女は3年間で語学だけでなく、料理も洗濯も片づけも全部自分でできる子になって帰ってきた。一番の変化は、わからないことを素直に「わからない、教えてください」と言える人になっていたことだった。こうやって、親のいないところで子どもはいろんなことを学んで、ちゃんと成長していくのだ。

私の母の味、夫の母の味を受け継いで

成長の節目に、わが家の食卓に必ずのぼるのがお赤飯と豚汁だ。

お赤飯は、私の母がお祝いのときに必ず作ってくれたものをアレンジしている。合わせるのは白みそ豚汁だ。お赤飯のセレモニー感に比べると、豚汁はカジュアル。ちょっと格が合わないと思われるかもしれないけれど、藤井家の豚

汁は夫の母の味なのだ。私が初めて夫の実家にご挨拶に行ったときに出してくれたのが、この豚汁。「クリームシチューですか?」と思うほどまろやかで濃厚な味に衝撃を受けて以来、白みそを広島から取り寄せて豚汁を作っている。

この2つを作るのは、子どもたちの入学、卒業、就職、そして旅立ちの日。カナダ留学中だった次女や、長女の韓国からの一時帰国のときにもこの2つを用意して出迎えた。向こうに戻るときにはお赤飯をおにぎりにして持たせている。

ワンパターンで代わり映えしない味。だからこそメッセージになると私は信じている。お赤飯と豚汁には「がんばって」「あなたの未来を応援しているよ」という私の思いが詰まっている。私の母のお赤飯も、夫の母の豚汁も思いがこめられていた。だからその2つを受け継いで、私の思いをのせて食卓に出す。言葉がなくても伝わるのだ。家族だから。十数年、ともに食卓を囲んできたから。

レシピは物語だ。人生を編み上げた物語。食卓にのせるだけで伝わる物語を持っている私は、本当に幸せ者だ。

キッチンは常に真剣勝負の場
ピッチャーにとってのマウンドのように
ボクサーにとってのリングのように
けれど私は孤独じゃない
キッチンにはいつだって味方がいる
いつもの場所でスタンバイしてくれる
調理道具や調味料たち
さあみんな、今日もいっしょにおいしいものを作ろうよ

Part 3 キッチンにて

「料理研究家」という仕事

料理研究家がどんな仕事なのか、私は最初、よくわかっていなかった。幼い頃から料理にかかわる仕事につきたいと願い続けていたけれど、「料理研究家になりたい」とも「なれる」とも思ってはいなかった。

専業主婦時代、栗原はるみさんや有元葉子さんのレシピブックと出合った衝撃は忘れられない。それまでの料理の本とは何もかもが違って見えた。仕上がりの美しさ、盛りつけの新しさは海外の料理本のよう。しかもおふたりとも専業主婦から料理研究家になられ、料理だけでなくライフスタイル全般に関しても揺るがぬ思いとセンスをお持ちだった。

娘たちが大好きだったシフォンケーキも、栗原はるみさんが「シフォンケーキを手土産に焼いていく」と何かの本で読んで、なんてオシャレなんだろうと思って作り始めた。シフォンケーキを焼くことで、栗原さんに近づけるかもと思ったのかもしれない。

そんな一般人が、ありがたいことにさまざまなご縁で「料理研究家」を名乗らせていただくようになった。が、仕事を始めてみてようやく「料理研究家って、なんだか自分の思っていたイメージとは違うぞ」という現実を知ることになった。

私はぼんやりと「自分が得意な料理や、教えたい料理のレシピを考えて、紹介する仕事」なのだと思っていたのだと思う。いや、そこまで具体的にわかっていたわけでもない。とにかく、イメージしていた世界とは大きく違う世界がそこにはあったのだ。

「千本ノック」に鍛えられて

料理研究家になってからの日々を振り返ると、「千本ノック」という言葉が浮かぶ。そう、野球の守備練習だ。監督やコーチが容赦なくボールを打ち続け、

2 1

塩は25年間
浮気せずにただ1種類

25年間ずっと使い続けているゲランドの塩。当時よく通ったおばんざいの店で「和にも洋にもこれひとつでいい」と教わった。

3

〝塩むすび〟

4

1　3　塩むすびは必ず炊きたてのごはんで。炊きあがりをすぐにぎると、おいしさが全然違う。ふっくらやわらかくにぎるコツは、親指と小指の付け根のふくらみのあたりを使うこと。　2　ゲランドの塩はミネラルが豊富。あさりの塩抜きに使うと驚くほどピューピュー塩を吐く。ほかにパスタをゆでるとき用に粗塩を用意している。同じ塩を使い続けると目分量で味が決まるようになる。　4　もっともよく使う油はオリーブオイル。加熱にも非加熱にもエキストラバージンオイルを使う。　5　調味料は瓶に移し、調理台下の引き出しへ。砂糖は、精製度の低いきび砂糖を愛用している。

5

それを選手たちが死に物狂いで拾いまくるアレだ。

１００円で作れる副菜を数十品、３００円で作れる主菜を数十品。春はキャベツで数十品、夏はなすやトマトで数十品、秋はきのこで、冬は大根や白菜で……まさに千本ノック。このときほど「極貧時代」の料理ノートに感謝したことはない。安い野菜で何品も作り続けた経験が私を支えてくれた。

しかし季節は立ち止まらない。1年たつと同じ野菜で再び千本ノックが始まる。必死に新しいメニューを考案する。いまは2人分が基本だけれど、当時は4人分を作らなくてはいけなかった。試作品の山がわが家の食卓を占拠した。

振り返ると、料理研究家としての私の武器は「一生懸命」しかなかったとつくづく思う。大学の恩師の下で修業したのはわずか5年。そのあとは専業主婦だ。それでも私はチャンスを失いたくなくて、雑誌もテレビ出演も仕事はすべて断らなかった。でも自信なんてない。テレビの放送を見たら調理する手元が震えていることがはっきりとわかった。

初めてのテレビ番組の放送用の料理テキストの撮影も忘れられない。全部作り終わってから「ダメなところが多すぎる」と。味も、盛りつけも、調理方法も何もかもが誌面に載せるレベルになっていなかったのだ。結局、作り方を再考した。自分の力不足が情けなくてたまらなかった。そして、心から感謝もした。人前に出せるレシピになるよう助言してもらえたことに。それは成長を信じてくれた証拠なのだと思う。あの頃の編集者さん、ディレクターさんがいなければ、いまの藤井恵は存在しないと言いきれる。

再現性の高いレシピを提供する

話を戻そう。「料理研究家の仕事とは何か」の答えは、私にとってひとつしかない。それは「不特定多数の人に向けて、再現性の高いレシピを紹介すること」、これに尽きる。

私がどんなにおいしい料理を作ったとしても、テレビや雑誌を見ている人に食べてもらうことはできない。料理研究家のレシピは、私以外の人が作ること

ふるさとの味が私の原点

1　私自身は神奈川で生まれ育っているけれど、私の父の実家は宮城なので、母の料理には仙台みそが使われていた。父の実家から送られてきた手づくりみそはおいしかった。　2　夏になると必ず作る「なすとピーマンのみそ炒め」には、仙台みそがぴったり。2人分（なす3本、ピーマン4個）を作るのに、みそ大さじ1と½に対して、しょうゆ、砂糖、酒各小さじ1を合わせて味つけ。　3　みりんは夫の実家である広島のもの。鞆の浦という歴史ある港町でつくられるみりんを、結婚以来ずっと使っている。

3

1

2

なすは甘いみそ味が好き

なすは多めの油でじっくり焼く。最初はなすに大量の油がしみこむけれど、焼くうちにまた油が出てくるのでペーパーで吸い取る。

Recipe p.80

が大前提だ。たまたまテレビを見ていた人や、たまたま雑誌を手にとった人。料理を作り慣れたベテラン主婦もいるし、人生で初めて包丁を持つ人もいるだろう。料理が苦手で、嫌々重い腰をあげてキッチンに向かう人だっているかもしれない。だからこそ、どんな人が見ても「ああ、なるほど。こうやって作ればいいんだ」と思えるようなシンプルなレシピであることが重要だ。

プロセスが多いレシピはハードルが高いと思われる。編集者さんから「このプロセスは省けませんか？」「この材料はなくてもいいのでは？」と提案されることが多く、最初のうちは違和感がぬぐえなかった。正直に言えば、「こうやって作らないとおいしくなりません」ときっぱり否定したい気持ちもあった。

でも私は、スタッフさんたちがイメージする料理に、少しでも近いレシピを考えることが自分の仕事だと思っていた。それはいまも変わらない。だから制作スタッフの希望に少しでも沿えるように、試作を繰り返した。

すると新たな発見がある。意外にも「このプロセス（や材料）はなくても大丈夫なんだ！」と気づかされることが多いのだ。もちろんそれは、レストランで出されるようなものではない。それでも、家庭の食卓にのぼる分には問題なくおいしいのだ。私に求められているのは、そういうレシピなのだと「千本ノック」の中で学ばせていただいたと思う。

調味料は普通がいい

再現性の高いレシピを考えるうえで、調味料への配慮は欠かせない。珍しい調味料を使わないのはもちろんだが、同じ調味料でもメーカーや製法によって味が違うということを忘れてはいけない。

特に注意しているのはしょうゆだ。私は基本、大手メーカーのしょうゆを使うことにしている。日本全国にはさまざまなしょうゆがあり、スーパーにも並ぶようになった。高価なしょうゆは味も風味もいいので、料理によって使い分けしたくなる。しかし、しょうゆによって塩分量が違うのはもちろん、色の濃さもかなり違うのだ。レシピ本の写真を見て作った人が、「仕上がりの色が違

ほぼ毎日毎日3ℓ
昆布とかつお節で
だしをとる

Recipe p.85

料理の基本にしているのは、昆布とかつお節のだし汁。いりこは頭と内臓をとって冷凍庫に保存し、必要なときにだしをとる。

2

1

3

1〈基本のだしのとり方〉 5㎝角程度の昆布6枚を水3ℓにひたし、弱火にかける。私はとろ火で2〜3時間ほどかけてゆっくり火入れして、ふつふつしてきたらすぐ取り出す。そこにかつお節80gを入れて、煮立ってきたら火を止める。5分ほどおいてかつお節が沈んだら、さらしやペーパータオルで濾す。 2 水菜と油揚げの煮びたしなど、和の野菜料理にだし汁は欠かせない。どんな料理でもおいしくなる。 3 使うのは血合い入りの花かつお。3ℓで1袋使う。 4 濾したあとかつお節の粉が浮くことがあるが、時間がたつと沈む。冷めたらボトルに入れて冷蔵庫へ。 5 昆布は5㎝角に切って大きな瓶に入れておくと、必要なときにすぐ使える。

5

4

う」と不安になるかもしれない。そう思うからこそ、多くの人が使う大手メーカーのしょうゆでレシピを考えることに、私はこだわる。

塩も違いが出やすい。たとえば「塩小さじ1」の場合、いわゆる精製塩（食卓塩）なら6g程度。一方、私が使っているゲランドの塩は5gほどだ。この差が味に与える影響は大きい。最近では精製塩を使う人は減ってきているという現実もある。だとすればどの塩に合わせてレシピを書くか……、本当に悩ましい。

塩味は、料理の味を決める大切な要素だ。自分の指で塩をつまんで、ふって、味をみる。これを繰り返すうちに、「だいたいこのくらいだな」という感覚が必ず育っていく。気に入った塩があれば使い続けてほしい。分量にブレがなくなるから。塩味がビシッと決まるようになれば、料理は各段においしくなる。

調味料と同じくらい、おいしく作るために欠かせないのがだし汁だ。レシピには「だし」とだけ書かれることが多いので、そこは読者さんに判断をゆだねることになる。インスタントだしを使うのか、かつお節と昆布、あるいはいりこでだしをとるのか。

私は、できればインスタントではなく、自分でとっただしを使ってほしいと願っている。基本は、昆布とかつお節のだし汁だ。私が使う昆布は利尻産だ。羅臼産よりも価格が安く、香りがとてもいい。かつお節は、血合い入りのものを選ぶ。味も風味も格段に強くてうまみがある。これでとっただし汁は万能だ。おひたしにも、煮物にも、炊き込みごはんにも使えるので、私は毎朝3ℓのだしをとっておく。冷蔵庫に入れておけば3～4日は持つけれど、実際にはすぐになくなってしまう。

いりこは、日本全国のいりこを取り寄せて研究中だ。たとえば千葉産と瀬戸内産では味わいが違う気がする。瀬戸内のほうが味にスッキリ感があると感じるが、とれる時期が違うせいかもしれない。家族が好きなのでうちのみそ汁はいりこだしだ。また、最近私がすっかりハマっている韓国料理には、いりこだしが欠かせない。88ページの「韓国風わかめスープ」も、だし汁はいりこでとる。味の決め手と言ってもいい。もちろんインスタントでもおいしくできるのだけれど、ぜひ、いりこでどうぞ。

「わかめスープ」は韓国の母の味
圧力鍋が深く、おいしく仕上げてくれる

Recipe p.89

韓国料理を習い始めている。韓国の家庭の味である
「わかめスープ」の作り方を習いたかったことも理由のひとつ。

1　愛用しているクリステルの鍋。このへこみが、右手の指が動かなくなったときについたもの。 2　手前3つが最初に手に入れたもの。生活費を削ってでもこの鍋が欲しかった。　3　圧力鍋はフィスラーのもの。圧力鍋を使うことは少ないのだけれど、韓国風わかめスープだけは圧力鍋で作る。わかめがとろりと味わい深く仕上がる。
〈韓国風わかめスープの作り方〉　塩蔵わかめ50gをたっぷりの水で洗って戻し、1㎝幅に切る。圧力鍋にごま油大さじ1を引いてわかめ、おろしにんにく小さじ½、しょっつる小さじ2を入れ、香りが立つまで炒める。だし汁（いりこだし）2½カップを入れ、ふたをして加圧。火を弱めて10分間加熱する。普通の鍋で煮るときには、20 ～ 30分が目安。

自称、料理〝道具〟研究家

取材などで「お気に入りの料理道具を見せてください」と言われることがある。お気に入りの道具はもちろんあるが、それ以外の道具も山ほどあるのが私のキッチンだ。

料理を作ることを生業にする人間として、道具は相棒だ。余分なものなど持たず、「私はこれで勝負しています！」みたいなことを言えたらカッコいいと思う。でも私、カッコ悪いんです。すみません。

恥ずかしながら、持っている料理道具は数えきれない。ゴムべらなんて、数えたことはないけれど50本以上あると思う。まったく同じものはさすがに買わないが、色や形が違うとつい欲しくなる。幅の広いもの、細いもの、スコップ型、木の持ち手、一体型もあれば先端がはずれるものもある。果ては色違いを見つけると「この色もかわいい」と買ってしまう。

Episode

料理道具が大好き

ゴムべらだけではない。木べらもトングもレードルも、こんなに必要？と思うほどある。ざるだって、サイズ別はもちろん、木や竹、ステンレスなど素材別に無駄にたくさんある。こんなにあってどうするんだと、自分で自分につっこみながら、また買ってしまうのだ。海外旅行に行っても、美術館ではなく市場や道具屋さんに行く。国内旅行をしても、お城にのぼらずに雑貨屋さんを巡ってしまう。そして道具は増えていく。

残念なことに、実際に使っているのはほんのわずかだ。シンプルに、ミニマムに、という時代には確かにそぐわない。でも言い訳させてもらうなら、調理道具は使ってみなくちゃわからないのだ。ある人にとって「これ最高！」の道具でも、私にとってもそうだとは限らない。使うためには買わなくてはいけない。そして道具は増えていく。

だから「なんでこんなにたくさんあるんですか？」と聞かれると、「料理だけでなく、料理道具も研究しているんですよ」と答えることにしている。半分は冗談だが、半分は本気。いつか料理道具についても何かまとめられたらいいなと夢見ている。

木のものに囲まれて

1

2

20年以上前、夫が仕事関係で行ったイタリアンレストランで食べたというパスタ。私にも食べさせたいと連れていってくれたけれど、お金がなくてワインも飲まず、このパスタだけ食べて帰ってきた。それでも感動的においしくて、以来わが家の定番料理のひとつになった。

Recipe p.158

〝飴色玉ねぎとアンチョビのパスタ〟

4

3

1　3 玉ねぎや香味野菜をじっくり炒めるには、ホウロウの鍋と木べらがベスト。味は道具で変わる。 2 恥ずかしながら、木べらのコレクション。眺めているだけでもワクワクする。たくさんあるのに使うものは限られている。 4 お客様にお茶を出すときに使うお盆。木のお盆にのせる茶托は、素材感を変えてステンレスに。 5 板マニアなのでお盆もいろいろ。まるいお盆はランチョンマットがわり。この上にお皿やお箸をのせてテーブルへ。 6 小さめサイズのおひつ。

6

5

クリステルの鍋の思い出

山ほどある道具の中でも、「これは本当に大切」と思える特別な存在。それはクリステルの鍋だ。

鍋としての使いやすさはもちろんのこと、多彩なサイズ展開で、ハンドルをはずせばすべてスタッキングできる。有元葉子さんが使っているのを知って憧れの気持ちは高まった。もちろん安いものではないから、簡単には買えない。お金がなくて実家に居候しているときに、節約しながらコツコツお金を貯めたのは、この鍋がどうしても欲しかったからだ。最初に3つ買えたときの嬉しさは忘れられない。その後、いくつもサイズ違いのクリステルの鍋が仲間入りしたが、最初の3つは25年近くたったいまも現役だ。

何年使ってもゆがみも焦げつきもないこの鍋のひとつに、小さなへこみがある。13年前、右ひじの神経を痛めて右手の親指と人さし指が動かなくなってしまったことがあった。朝、いつものようにだしをとろうとして鍋を持った瞬間、力が入らずに鍋が床に落ちてしまった。そのときのへこみだ。これを見ると、あの朝の恐怖がよみがえる。怖かった。仕事ができなくなることが、料理が作れなくなることが。

結局、鍼灸治療で1カ月半後には治ったのだけれど、その間はアシスタントさんや周囲の方々の力を借りて乗り越えた。鍋の小さなへこみを見るたびに、健康であることの重要性を痛感させられる。

木の道具に心惹かれるお年頃

木べらが好きだ。耐熱性のゴムべらや、金属のへらでも炒め物はできるけれど、「どうしても木べらでなくちゃ！」と思うのが、玉ねぎや香味野菜をじっくり炒めるときだ。

「炒める」とひと口に言っても、野菜炒めを作るときと、玉ねぎを飴色になるま

一生ものの
銅のボウルを
手に入れた

ガラスにしか出せない
質感や輝きが
私の心をとらえて
しばし離さない

で炒めるときとでは目的が違う。野菜炒めは短時間でパッと水分を飛ばすように炒めるけれど、飴色玉ねぎは時間をかけて熱を入れ、じわじわと玉ねぎのうまみを引き出していく。しみ出たうまみは鍋底にこびりつくから、こげつく前に丁寧にこそげとり、玉ねぎに戻していく。この作業は、木べらにしかできない。ゴムべらでは弱すぎるし、金属のへらはかたすぎる。しっかり鍋底をこする調理は、木べらだけの得意技なのだ。

木といえば、まな板も大好きだ。以前、海外でものすごく大きなまな板を買ってしまって、帰国便でびっくりするほど超過料金を取られたことがあった。先日は飛騨高山の雑貨屋さんで桜の木のまな板を買った。色も手触りも、刃のふれた感じも心地よい。この感覚は、木ならではだ。

お盆マニアでもある。結婚したばかりの頃から、お盆に豆皿をのせて少しずつ料理を出すこと（141ページをご覧ください）に憧れていた。でも当時はお金がなくて、雑貨屋さんできれいなお盆を見つけても「4枚は買えない」とあきらめたこともある。その反動か、最近はちょっとずつお盆が増えている。お盆のサイズによって、ランチョンマットがわりにしたり、お茶を出すときの茶託がわりにしたり。お茶とおしぼり、お茶菓子を小さなお盆にのせて、お客様の前に置くと、木のお盆が醸し出すやわらかな空気感が「いらっしゃい。くつろいでね」と伝えてくれるような気がする。私のひとりよがりだろうか。

何年もかけて手に入れる贅沢

6年前、念願の銅のボウルを手に入れた。ボウルというよりは、たらいといってもいいくらいの大きさだ。これを京都のお店で見かけたのはいつだっただろう。値段が高くて、当時の私には買えなかった。何年かしてお金が貯まり「よし！　いよいよ買うぞ」とお店を訪ねたところ、今度は思っていたサイズのものが売り切れていた。「注文もできますよ」と言われたのだけれど、こういうものはご縁。京都に行くたびにお店をのぞき、数年後にようやく再会できたのでわが家にお招きした。「一生もの」という言葉があるけれど、時間をかけて手に

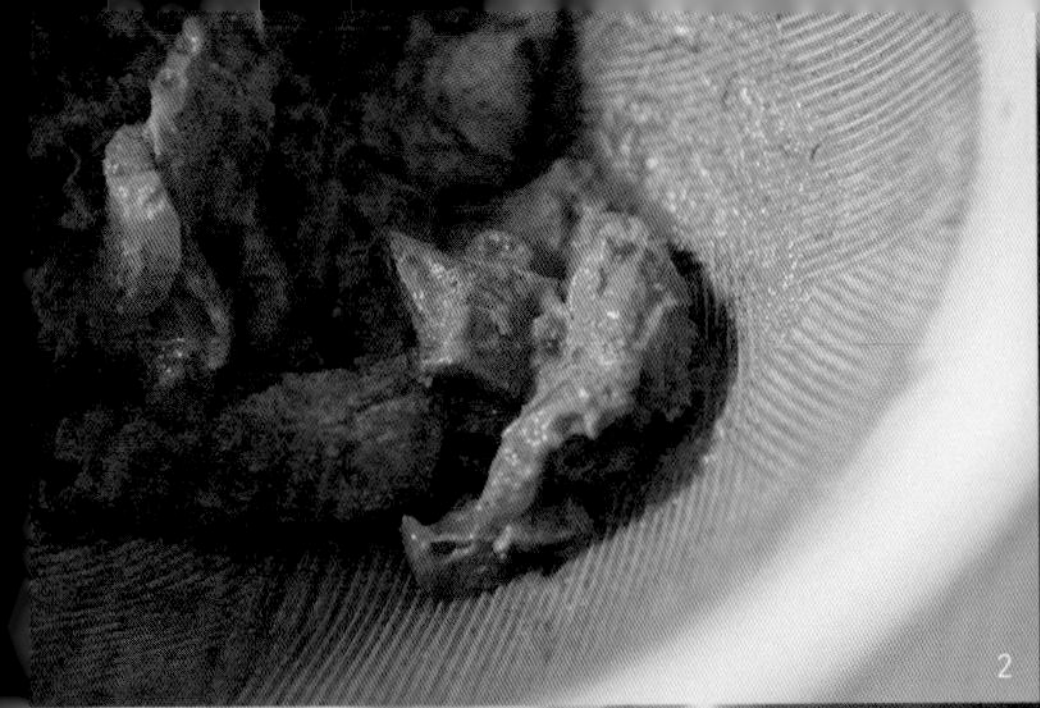

すりばちを使う喜び

1　フライパンなどで軽く煎った金ごまを、すりばちでする。5分ほどするとこんな感じ。できればあと5分すって、さらにねっとりさせたい。市販の練りごまとは別物の味。　2　10分すった練りごまで鯛のお刺し身をあえたところ。このままおつまみにしてもおいしい。　3　私のお茶漬けは、だし汁（昆布とかつお節）を同量の緑茶で割って使う。香り高く深みのある味わいに。

まずはごはんに鯛、のり、わさび、三つ葉をのせて少し食べてみて。そのあとにお茶を注ぎ、ごまとお茶の香りごと味わう。最高。

Recipe p.159

"鯛茶漬け"

Recipe p.159

白あえの豆腐は、水を切りすぎないほうがふんわりと仕上がる。
調味料は順番に加えて、そのつど丁寧にするとなめらかに。

「すりばちを買ってみようかな」という人は、少し大きめサイズがおすすめ。
大きいほうがすりやすく、ある程度の重さがあるとガタガタしにくい。
洗うときにはスポンジではなく、たわしを使うと簡単にきれいになる。

入れたものを、私の代で使い終わるのはもったいない。娘たちに「使い続けてね」といまから伝えている。

時間をかけて手に入れるという意味では、ガラスの食器たちもそうかもしれない。仕事場でもあるキッチンの壁には、ガラスの器や皿を並べている。料理研究家になった頃から、少しずつ買い集めたものだ。ふたつきのお菓子の器は、海外のスーパーで買ったもの。3000円くらいの安物だけれど、日本では見たことがないデザインに惹かれ、丁寧に梱包してもらって、飛行機の中でも抱きかかえるようにして持ち帰った。

透明感、まろやかな形、ガラスにしか出せない質感、光を反射して輝く姿。食器として使うだけでなく、観賞用としても楽しんでいる。

すりばちを使った料理、解禁

「すりばちで金ごまをすることが、たまらなく楽しい」と言ったら、変だろうか。でも、本気で楽しいのだ。金ごまは、ごまの中でも油分が多く、5分ほどすり続けるとねっとりしてくる。ここで止めず、あと5分ほどすり続ければ、お手製の練りごまが完成する。まろやかでクリーミー。この練りごまで作る鯛茶漬けのおいしさといったら！

白あえも、すりばちで作ると豆腐が生クリームみたいにふんわり仕上がり、舌の上でとろけていく。豆腐の甘みが引き出され、どんな野菜に合わせてもおいしい。すりばちは、そのまま食器としても使える。ひとつあると絶対に便利だと思う。

ずっとずっと、すりばちが似合う料理研究家になりたいと思っていた。料理研究家になったばかりの私は「時短料理」「簡単料理」のレシピを求められることが多かったから、すりばちの出番などどこにもなかったのだ。

今年、18年間出演させていただいた料理番組を卒業した。その最終回のメニューに選ばせてもらったのが鯛茶漬けだった。日頃愛用しているすりばちと、嫁入り道具として持ってきたすりこ木を使い、じっくり金ごまをする姿を撮影していただいた。いまの私に、すりばちは似合っていただろうか。

人生はいつまでも私を
同じステージにとどまらせてはくれない
子どもは巣立ち　親を見送り
夫婦の関係性も変わり始めた
もうがむしゃらに走らなくていい
ゆっくりとした足取りで
次のステップに踏み出そう
私らしいままで

Part 4

主婦卒業

朝4時のお茶

朝4時。目覚まし時計が鳴らなくても目が覚める。夜はまだ明けない。キッチンに下りてきて、大きな鍋に昆布を入れ、水を注ぐ。コンロの火はごくごく弱く。沸騰寸前まで2～3時間かかるように火力を調整する。それがすんだら黒酢と酵母発酵液、水を混ぜて飲み、お茶をいれる。朝の定番は日本茶だ。緑茶だったり、ほうじ茶だったり、梅干しを添えたり添えなかったり。

ここからは集中タイム。キッチンのテーブルに向かい、今日の撮影のためのレシピを書く。撮影がない日は、原稿の校正や、次の企画に向けた準備をする。気がつけば、窓の外は白い朝。今日という一日が始まる。

朝4時に起きるようになったのは15年ほど前のこと。前にも書いたけれど、子どもが小学生から思春期くらいまでの間、私はベッドで寝た記憶がない。子どもが寝たあとにレシピを書き、翌日の準備をしているうちにうたた寝し、気

Episode

デスクワークは夜明け前。静かな朝に一杯のお茶

づけば朝になっている。これが盆と正月を除いてほぼ毎日。願い続けた仕事をしていたはずなのに、充実しているとはお世辞にも言えなかった。公私ともに忙しすぎて、嬉しいことも、つらいことも、感じにくくなっていた。

夫なりに心配したのだろう。あるとき「うたた寝しても疲れはとれないから、朝早く起きるのがいいみたいだよ」と言ってくれた。「なるほど」と思って素直にその提案に従ってみたところ、その効果は想像以上だった。

家族がまだ寝ているせいか、しっかり眠ったせいか、朝の集中力は夜より格段に高い。レシピを書くスピードも上がるし、元気があるから撮影の準備や朝食作りもどんどん進む。この生活リズムは私にぴったりで、子どもが巣立ったいまも続けている。

生活サイクルを変えた頃に、夫との氷河期も終わったと思う。その頃一度、私は大爆発して「お母さんも妻もやめます！」と宣言し、本当に丸一日何もしなかったことがあった。夫はたった一日だけれど娘たちのお弁当を作ってくれた。その後、夫は学校関係の仕事を担当し、進路相談も、次女の留学の手続きにも奔走してくれた。

夜が明ける前に
鍋を火にかけ
お茶をいれる
静謐な空気の中で
私の一日が始まる

1

2

3

4

6

5

7

1　7　お茶をいれたら本日の撮影のためのレシピを書き始める。22年間ずっと手書き。　2　手元が見えにくくなってきた。老眼になったおかげで、かわいいフレームのメガネを探す楽しさを知った。　3　朝のお茶は日本茶。10年ほど前から漬け始めたお手製の梅干しをつまみながらお茶をいただく。　4　6　朝4時から6時半頃までじっくり時間をかけて昆布のだしをとる。本当は6時間くらいかけるのが理想だとか。昆布を取り出し、かつお節を入れてしばらく待つと、黄金色の液体が朝の光にきらめく。　5　耐熱ガラスのお茶碗に、アンティークの豆皿を茶托がわりに合わせることも。自分のためだからこその、小さなこだわり。

夫のいれるコーヒーを飲みながら

夫婦の関係は変わる。いまは夫に失望していても、数年後も同じとは限らない。私も何度か「離婚」の二文字が頭をよぎった。占いの得意な友人に、離婚すべきかを占ってもらったこともある。あのときは「離婚しなくても大丈夫。今後はお金に困らない」と言われて、少し安心して踏みとどまった。私も現金なものだ。でも実際に大丈夫だった。

2年ほど前から、やっと夫が家事を手伝ってくれるようになった。私の手湿疹があまりにひどくなったため、掃除と洗濯をしてくれるようになったのだ。「え？　いまさら？」と思うかもしれない。でもいいの。遅くても、ゆっくりでも、やってくれるようになったのだ。私はいま、素直に嬉しい。

しかも夫は、毎朝コーヒーまでいれてくれるようになった。凝り性の彼は、豆を焙煎するところから始める。さまざまな生豆を取り寄せ、焙煎して、丁寧にひいてハンドドリップでいれる。素人だから、おいしいときもあれば微妙なときもある。「前のほうがおいしかったから、あの焙煎方法にして」とお願いしたら「記録していないからわからない」と言われて驚いた。せっかく作ったのにレシピを残さないなんて……マジですか？

夫との出会いは、電車の中でのナンパだ。「お茶でも飲みませんか？」と声をかけてきた彼は、見るからにヤボったく、申しわけないけれど「おかしな人」にしか思えなかった。「用事があるから」と断ると、「終わる頃に渋谷のハチ公の前で待っています」と言った。ハチ公というのもヤボすぎる。指定の時間を1時間以上過ぎてからハチ公前広場をのぞいてみたら、まだ彼が待っていた。ニコニコして。その笑顔にほだされて、ついいっしょにお茶を飲んでしまった。

あれから30年以上たつ。子どもが巣立った直後は夫も私もたまらなくさびしかったけれど、思った以上にすんなりと、夫婦2人の気楽さに慣れていった。紆余曲折を経て、私たちは相棒として生きている。

実を言えば、夫はコーヒーがそんなに好きではない。たぶん私のためにいれているのだ。でも本当は、私もコーヒーよりお茶が好き。でも夫のためにコーヒーを飲む。そんな関係が、最近は悪くないと思っている。

1 土瓶や鉄瓶で沸かしたお湯はまろやか。お茶の味を格上げしてくれる。 2 お気に入りの茶葉たち。ほうじ茶、中国茶、緑茶、紅茶の中から、その日の気分で選んでいる。 3 最近外でコーヒーを飲むと、「うちのコーヒーのほうがおいしいな」と感じることが増えた。夫の腕は確実に上がってきている。 4 お客様にはこんな感じで、お盆にのせてお茶を出す。おしぼりもいっしょに。 5 紅茶をいれるポットは、中で茶葉がジャンピングできる形のものを選ぶ。 6 日本茶の急須は、内側に金属を使っていないものを。ガラスや磁器の急須もいいけれど、ぽってりした厚みのある焼き物のほうがおいしいような気がする。

自分で焙煎した豆で
コーヒーをいれる夫
重ねた年月は
夫婦の関係を
やさしく変える

朝食は元気の源

朝食は朝6時半頃。夫と2人でいただく。

食べることが大好きな私ではあるけれど、50代半ばというお年頃。おいしさばかりを追い求めるわけにはいかなくなった。朝に食べるのは、体にいいものにしようと心がけている。意識しているのは腸の健康だ。発酵食品と水溶性食物繊維で、腸内環境を整えるべく日々がんばっている。

朝は和食率が高い。毎朝必ず食べるのが、めかぶ納豆。日によっては、そこにオクラを入れたりなめこを入れたりするけれど、めかぶと納豆は毎日の常連さん。パン食の日だって、めかぶ納豆は副菜として必ず食卓にのぼる。これは料理というよりサプリメントだから、味つけは極力控えめに。おいしいことよりも、飽きないことを重視しているのだ。

めかぶ納豆を食べるようになって、お通じがよくなったのはもちろんのこと、風邪もひかなくなった。腸内環境と免疫機能の関係はあちこちでいわれているけれど、私にも確かに効果があったと感じている。もちろん私は専門家ではないのであくまで個人的な感想にすぎないが、少なくとも私はしばらくめかぶ納豆を食べ続ける予定だ。

この13年、私は体のあちこちに不調を抱えてきた。病院を巡り、薬を飲み、運動も始めた。それでも一進一退。出した結論は、やはり毎日の食べ物が大切だということだ。日本全国からいろいろなものを取り寄せ、いいと思ったものはしばらく続けてみる。現在は、黒酢と酵母発酵液、そしてマヌカハニーを毎日とっている。

炭水化物は少なめにするようになった。ダイエットを意識しているわけではない。逆に最近は、食べられる量が確実に減ってきてしまった。あっという間におなかがいっぱいになるので、必要な栄養素を確実にとるために炭水化物を減らして、そのぶん野菜やたんぱく質を優先させているのだ。ごはんもパンも大好きなのだけれど、それ以外のものをしっかり食べるためには仕方がないというわけだ。ちょっと悲しい。

2

1

4

3

1　2　毎朝飲んでいるヘルシードリンクは、黒酢大さじ1、酵母発酵液小さじ1、それを温泉水で割ったもの。酢は種類によって腸に与える影響が違うそうなので、いろんな酢を順番に試している。　3　4　もうひとつ手放せないのはマヌカハニー。抗炎症作用、抗菌作用、抗酸化作用があるといわれる。毎日1さじを舌にのせてゆっくり溶かして飲みこんでいる。のどが痛いときにはハイグレードのものをいただく。
5　日が昇ると空を見上げる。玄関に植えたオリーブの、明るいグリーンが朝の空に映える。

5

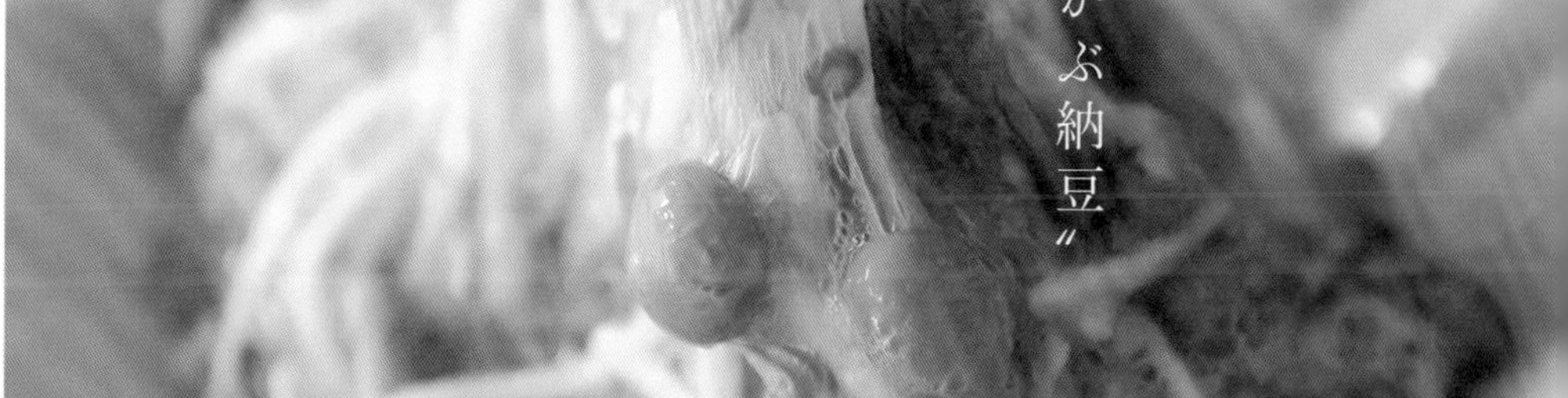

〃めかぶ納豆〃

めかぶ納豆は朝食のパートナー。山いもを加えるとネバネバ率アップ。お酒のおつまみにするときは、まぐろの刺し身を投入。

料理研究家と「旬」の野菜

わが家の朝食には、かなりたっぷりの野菜料理が並ぶ。撮影で使った残り野菜が、冷蔵庫に常にストックされているという事情もある。野菜はまず水につけてパリッとさせて、生野菜はそのままで、必要があればサッとゆでて、保存容器に入れて冷蔵庫にしまっておく。その野菜を利用してサラダを作ったり、みそ汁の具にしたり、おひたしにしたりと日々の食事を彩っている。2〜3日は問題なく使えるのだが、早く食べきらないと次の撮影の残り野菜がやってくる。エンドレスだ。

意外に思うかもしれないけれど、料理研究家は「旬」の野菜がなかなか食べられない。雑誌は3カ月以上先の季節を先取りして制作するから、撮影のために調理する野菜は旬のものではない。多めに仕入れるから野菜は残る。その消費に追われているうちに、本当の旬が通りすぎてしまうこともある。

それでも私は、旬をあきらめたくない。休日には、遠くてもファーマーズマーケットなど、地場野菜を売っているお店に出かけ、元気のいい野菜を仕入れてくる。道の駅も大好きだ。ずらりと並んだ元気いっぱいの野菜たちのきらめきを見ると胸が高鳴る。長野に別荘を持ちたかったのも、あそこなら旬の食材だけを使った料理ができると思ったからだ。改めて、旬の時期に旬の野菜を食べることの贅沢さを感じている。

おっと、たんぱく質も忘れてはいけない。野菜好きなので、豆腐や納豆、豆料理などでとることが多い。朝にさっと食べるなら、卵も力強い味方だ。どんなに忙しくても卵と納豆と残り野菜を組み合わせて食べることを自分に課している。最近のお気に入りは、卵白と納豆を泡立てて作った「ふわふわ卵」。納豆と卵白の相乗効果で、信じられないくらい実にこまやかな泡が立つ。その過程も楽しくて、頻繁に登場する。

朝食にこだわっているぶん、昼食は手を抜いている。ときには食べないこともある。それでも大丈夫なのは、夕食の時間が早いせいだ。遅くとも10時には寝ていたいので、夕食は5時半からとるようにしている。主婦を卒業してからの食事サイクルは、やけに健康的なのだ。

Recipe p.121

最近のお気に入りの朝食が「ふわふわ卵」。これに野菜たっぷりのみそ汁を添えると3大栄養素がまんべんなくとれる。

1

2

3

4

5

〈ふわふわ卵の作り方〉

1　卵1個を黄身と白身に分ける。白身を入れたボウルに納豆を加える。　2　スプーンをグーでにぎって、写真のようになるまでどんどん泡立てていく。2〜3分でこのくらいになる。3　丼にごはんをよそい、その上に2をのせる。　4　味の決め手はしらす。できるだけたっぷりと。　5　その上に1の卵黄をのせるとできあがり。卵黄を崩しながら召し上がれ。

まだまだ働く私のために

朝食の後片づけが終わったら、身支度をととのえる。

といっても、私の仕事着はごくシンプル。白T、エプロン、動きやすいパンツ。ショートカットはもう何十年も続けている髪型だ。子どもが生まれる前には、ロングヘアだったこともある。アシスタントをしていた頃に仕事で大失敗をして、反省の気持ちを表すために頭を丸めた……いや、ショートカットにしたのだ。以来ずっとこの長さ。ピアスをつけたら、「料理研究家・藤井恵」ができあがる。

アシスタントさんがやって来て撮影の準備を進めていると、カメラマンさん、編集者さん、デザイナーさん、ライターさんたちスタッフも集まってくる。いよいよ撮影開始。雑誌やレシピ本の撮影では、何品もの料理を同時並行で作り、できたものから撮影していく。頭の中の段取りに合わせながら、手を動かし、目を配り、味を確認する。その合間に、ライターさんから次々に質問が飛ぶ。火力はどのくらい？　なぜこの材料を使ったんですか？　上手にひっくり返すには？　ひとつひとつに答えながらも、料理の手も止めるわけにはいかない。頭も体もフル回転だ。

お昼頃にはスタッフのみなさんもおなかがすいてくる。ここで一度、試食タイムだ。できるだけ昼食がわりになるように、主食と主菜、副菜がそろうように段取りを組んで作る。メニューにデザートがあるときは午後3時頃に焼きあげお茶をいれて試食兼軽い休憩タイムにする。試食タイムは、スタッフのみなさんの素直な感想が飛び出す瞬間なので私にとっても貴重だ。「藤井先生、おいしいですよ〜！」「これ、絶対私も家で作ります！」そんな声が飛ぶと、ついガッツポーズをしてしまう。コロナ禍で最近は試食もままならないけれど……。

本や雑誌のために作る料理を、読者の方に直接食べてもらうことはできない。それでも、撮影や編集にかかわるスタッフさんたちが試食して「おいしい」と思えたら、その思いは必ず原稿や写真の中にも反映される。写真に味は写らない？　とんでもない！　おいしくできた料理は、必ずおいしそうに写るものなのだ。

がむしゃらに働く
のではなく
向き合いながら
働く

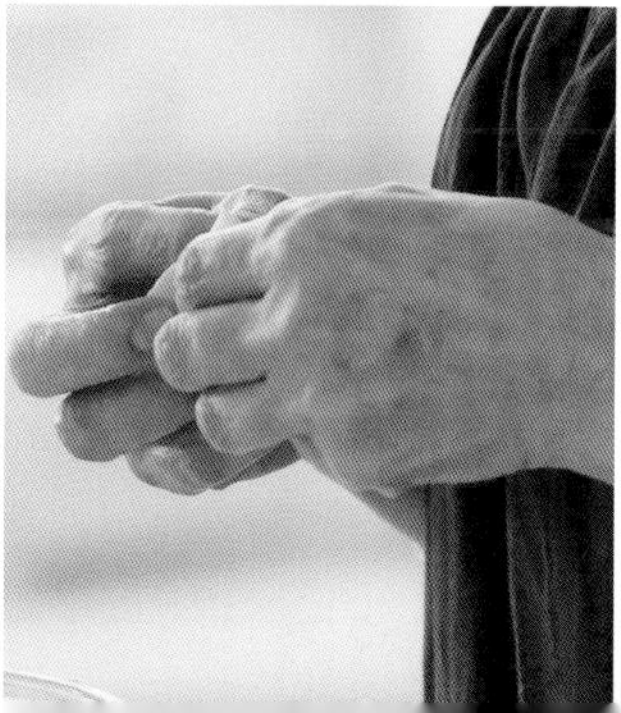

料理の撮影はあわただしくなりがちだ。でも本当の意味でおいしい料理には、作り手の余裕が必要だと思っている。あせってしまうと食材とちゃんと向き合えなくなるから。緊張感はもちろん必要だけれど、はりつめる必要はないのだと、がむしゃらだった30代の私に教えてあげたい。

「おいしい料理」って、何だろう

料理の仕事を続けてきて、よく考えることがある。「おいしい料理」って何だろう。私は料理のプロだけれど、母の作る豆あじの甘露煮の味を、いまだに超えられないでいる。義母の作った白みそ豚汁もそうだ。あのおいしさを再現することができない。でも最近、夫が「あなたの豚汁は、もうとっくに母の味を超えているよ」と言ってくれて驚いた。え？　本当に？

それで、なんとなく腑に落ちた気がした。「おいしい料理」とはきっと、誰かが自分のために作ってくれた料理なのだ。私が夫のために作った豚汁だから、夫はおいしいと思ってくれた。雑誌の撮影だって、集まるスタッフさんたちに「おいしい」と言ってほしくて作るからおいしく仕上がる。母や義母の料理は、2人の母が私のために作ってくれた料理だからおいしかったのだ。それを超えられないのは当たり前のことだ。

「おいしい」は技術ではない。調味料でもない。高価な食材でも、美しい仕上がりでもない。誰かが自分のために作ってくれた料理は、どんなに簡単なものでもおいしい。それを人は「心がこもっている」と表現するのだ。

だから家庭料理には価値がある。どんなに手軽にお総菜が買えるようになっても、デリバリーが広がっても、お母さんが作ってくれた卵かけごはんのほうが絶対的においしい。食べるって、食べさせるって、本当にすごい。

先日、こんなメッセージをいただいた。「先生の料理番組を新婚の頃から十数年見続けてきました。いままでは自信をもって料理ができるようになりました」と。ずっと私の仕事を見てきてくれた人の言葉に、心が震えた。

料理研究家になってしばらく、私は伸び悩んでいた時期があった。仕事があったり、なかったり。一方でテレビや雑誌で華やかに取り上げられる新人料理研究家さんも少なくなかった。そんな人をうらやんでいたら、夫がこう言った。「人と比べるんじゃなくて、足元を見つめて、いまある仕事をきちんとこなしていけば、長くこの仕事を続けられるよ」と。夫はフリーランスの先輩だから、自分に向けて言った言葉なのかもしれない。それでもいま私は、その言葉の正しさを改めて実感している。

1　料理研究家になってからずっとショートカット。美容院は浮気性で、いろんなサロンを試している。有名な同世代のモデルさんが行きつけのサロンに行ってみたり。けっこうミーハーです。最近白髪が気になり始めたけれど、肌が弱いので染めてはいない。シャンプーは石けんシャンプーを愛用。　2　普段はリネンのエプロンを使っているのだけれど、撮影のときにはskip-stepのエプロンを身に着ける。ワンピースかと見まがうようなこのエプロンは、1枚1枚すべて異なるデザイン。　3　耳元には必ずピアス。シンプルなのに品のあるパールのピアスが好き。
4　撮影が終わったらスタジオの掃除をして終了。特に排水口は重曹でピカピカに磨く。水が滞ると空気も滞り、体調にも影響が出るような気がするから。

1

2

4

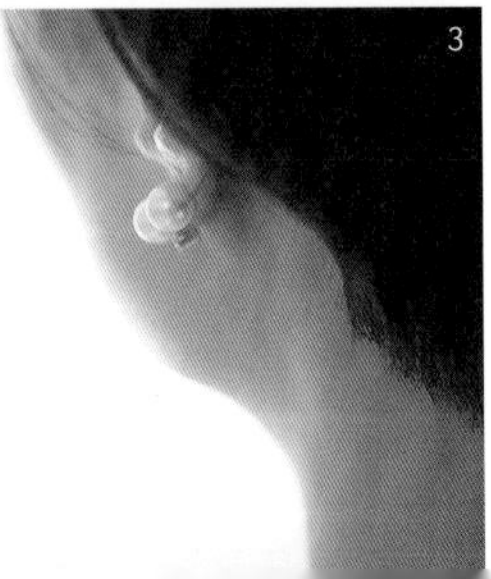
3

プロの料理研究家って何だろう

オフの時間と向き合う

仕事人間である。子どもの頃から、趣味は料理だった。趣味が仕事になったら最後、趣味らしい趣味がなくなってしまう。

仕事と子育てと主婦業の三足のワラジで必死に走り続けていた頃は、無趣味でも何の問題もなかった。しかし、長年続けてきた料理番組を卒業し、母親を卒業し、主婦まで卒業したいま、私には少し時間ができた。何かしたいけれど、何をしよう？　マッサージに行く。美容院に行く。いやいや、それは趣味とはいえないぞ。

ひとつ思い浮かんだ。編み物だ。手の湿疹があまりにひどくて、合成洗剤をやめて石けんで食器洗いをするようになった。石けん洗いのパートナーは、アクリルたわし。そう、最近私はアクリルたわしを編んでいるのだ。

100円ショップでアクリル毛糸とかぎ針を買って、ユーチューブ動画を見ながらせっせと編んでいる。これが、ものすごく楽しい。編み物なんてほとんどやったことはないし、正直いってめちゃくちゃ下手だ。それでもユーチューブ先生のおかげで、不格好ながらもアクリルたわしがいくつも完成した。初心者だから失敗も多い。編んではほどき、ほどいては編み直す。何度も、何度も。やり直すことも、すごく楽しい。

料理はやり直すことができない。作り直したり、アレンジしたりすることはできるけれど、もとの素材に戻すことは不可能だ。でも編み物ならできる。いびつに仕上がったアクリルたわしが、するするほどけてもとの糸に戻っていくことが気持ちいい。「失敗したら、ほどけばいい」と思うから、気楽に編み始められる。そして一足飛びに完成させられないことも また、編み物の魅力だ。ひと目ひと目編んでいかなければ、絶対に完成しないのだ。「紡ぐ」ってこういうことなんだろうな、と思うと心が穏やかになってくる。

そのうち石けんも作ってみようかな。手作りのアクリルたわしと石けんのセット、200円でいかがでしょう?(と、すぐ仕事にしたくなるのはよくないクセですね)

編み物が好き
間違えたって
ほどけばすぐに
毛糸に戻る
編んではほどき
ほどいては編む
無邪気な時間

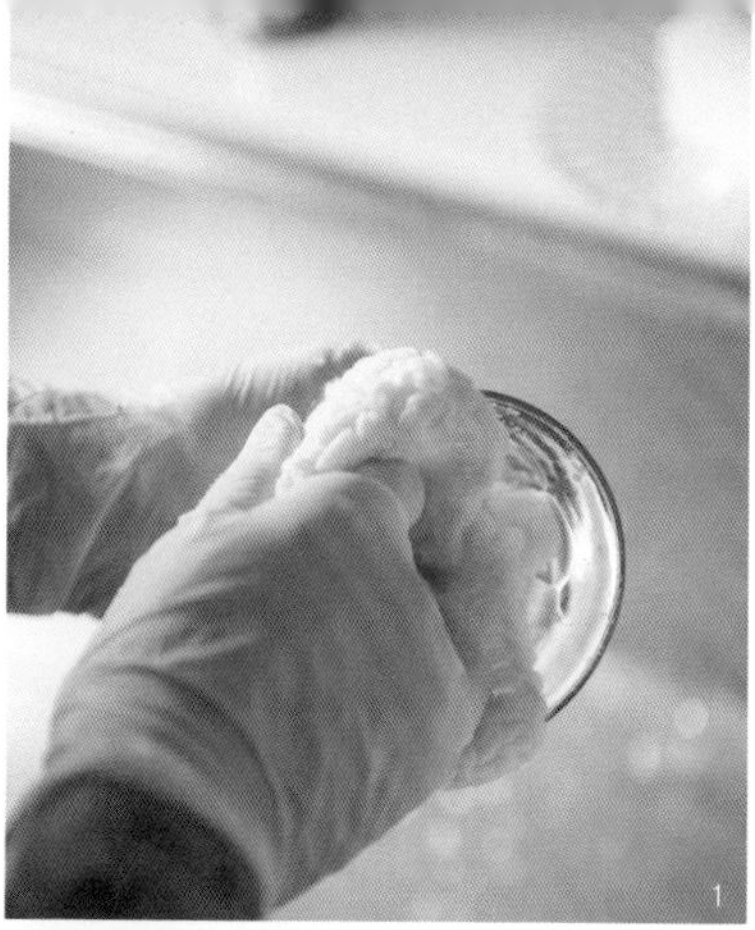

1

4

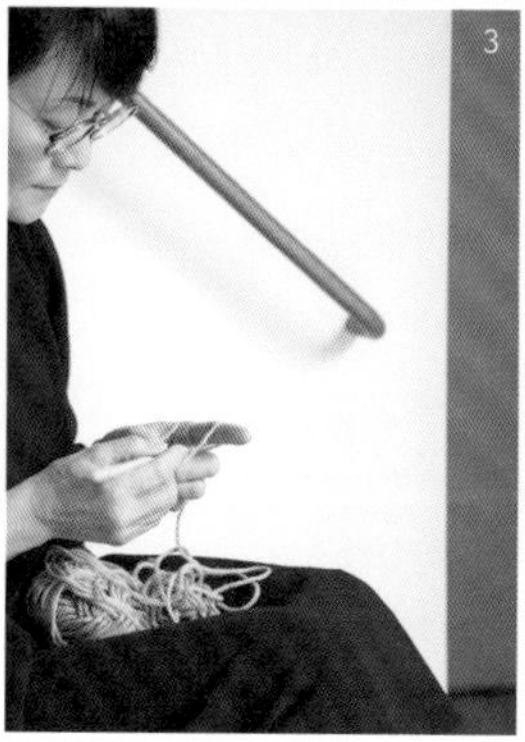

3

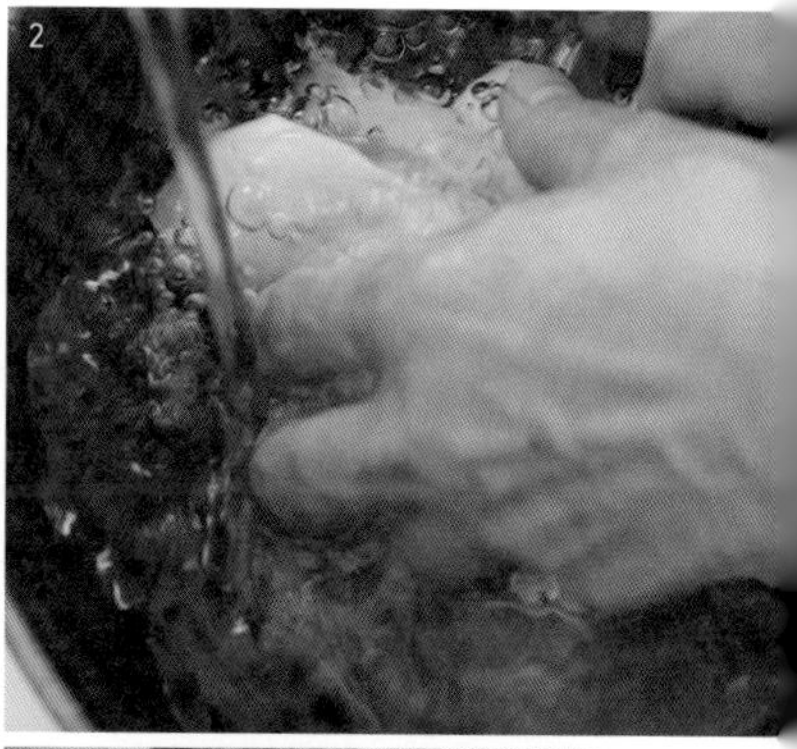

2

6

5

7

1 洗いものは合成洗剤ではなく石けんを使う。油汚れがひどいときには、先に重曹を入れたお湯で予洗いしてから。 2 料理の仕事は水仕事。丁寧なケアは欠かせない。 3 4 5 アクリルたわしを編み始めると無心になる。子どもの頃は縫い物が好きで洋服を縫ったこともあるけれど、編み物はほぼ初心者。 6 年々アレルギーがひどくなっているので、刺激の少ない化粧品を使う。あれこれ試したけれど、皮膚科で処方されるソフトワセリンやクリームが肌に合う。 7 肌の状態に合わせて3種類のハンドクリームを使い分けている。ひどいときにはオロナイン軟膏。

小さなバッグがひとつあれば

近所の雑貨屋さんで、帆布のミニトートバッグを買った。口が広く、マチつきで、ちゃんと自立してくれるところが気に入った。

このバッグには、私に必要なものを全部入れている。財布もスマホもティッシュもメガネも目薬もハンドクリームもマスクも除菌スプレーも。

そして、バッグの口をパカッと開けたままダイニングテーブルの私の席に置いておく。使うときにはこのバッグから取り出して、使ったらまたここにしまうことに決めた。そうしたら、ものを探し回る時間が激減した。

年齢のせいか、もともとウッカリ者だからか、「あれはどこに置いたっけ?」と探し回ることが多かった。でもこのバッグを収納場所と決めたら、問題はあっさりと解決してしまった。かごや引き出しにまとめるのとは違い、バッグだから外に出かけるときもこれひとつ持てばいい。中身を入れ替える必要もないし、出先で「あぁ、目薬忘れた」なんて嘆くこともない。

ブランドバッグを持ち歩いていたこともある。使ったら中身を全部とり出して、お手入れして、大切にしまっていた。なのに、体調を崩してからはまったく興味がなくなった。洋服にしてもバッグ類にしても、綿や麻などの自然のものばかり買っている。価格もお手頃で、汚れなども気にせず使えてガンガン洗えるものばかりになった。

洋服も肌にやさしい素材で、体を締めつけないものを選んでいる。ゆるっとしたデザインなら、家で着ていてもリラックスできる。でも、オシャレさは必要。外出時やお買い物のときに着ても恥ずかしくないデザインがいい。そんな服を探して着ることも、最近の楽しみのひとつなのだ。

問題は、ゆるっとしたシルエットに甘んじてしまいがちなことだ。最近の私の体型はドラえもん状態。アンダーバストとウエストとヒップがほぼ同じ。いやヒップはもっと大きいか。とにかく、これはマズイ。ということで数年前、スクワットを始めた。1日10回、髪にドライヤーをかけるタイミングで必ずやると自分に課している。そうしたらなんと、1年間でウエストがマイナス5㎝！続けるって本当に大事なことだと実感している。

1　5　最近気に入っているmizuiro indのワンピース。コットンやリネンなどのナチュラルな素材を使い、大人の女性向けの洋服を展開している。着心地がラクなのにオシャレなのが嬉しい。　2　もはや日常アイテムになったマスク。不織布マスクは肌荒れを引き起こすので、シルクの布マスクを着用することが多い。　3　4　愛用のミニトートバッグ。細かいものは2つのポーチに分類。青いポーチには薬やハンドクリーム、ハッカ油などケア用品を。ベージュのポーチにはマスクや除菌スプレー、ティッシュなどの衛生用品を。ビーズのお財布は母が若い頃使っていたもの。あとはスマホとエコバッグを入れておき、使ったらまたここに戻す。

1

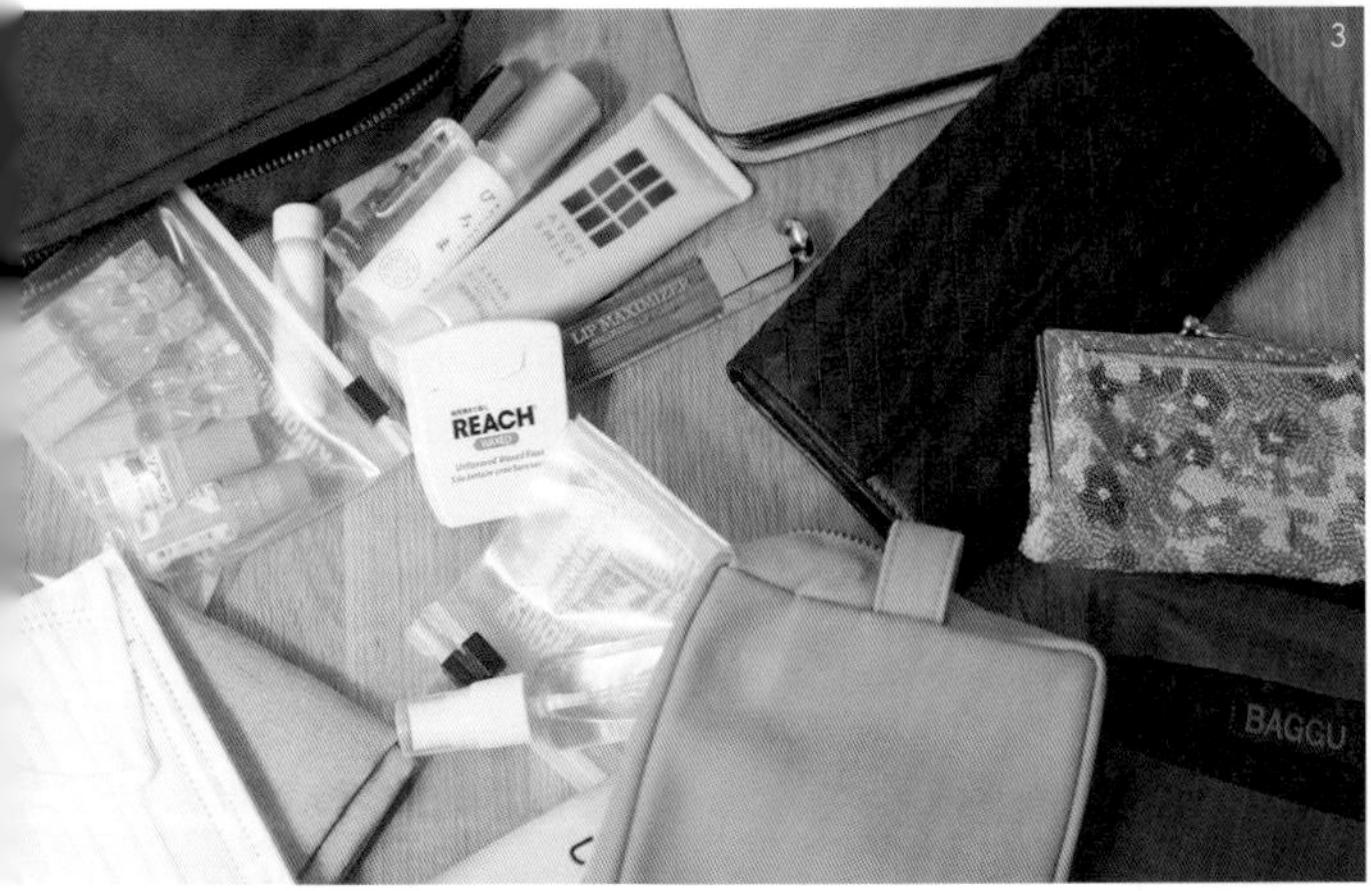

3

2

5

4

気づいたら
洋服も持ち物も
ミニマムに

ひとりの夜、2人の夜

子どもが小さい頃、朝食と夕食は家族で食べると決めていた。だからできるだけ撮影は、夕方5時には終わらせられるようスケジュールを組んでいた。その習慣はいまも残り、夕方までに撮影が終わることが多い。

たくさん働いた日の夜は、自分へのごほうびタイム。さて、今夜は何をいただこうかな？　夫は仕事でいないことも多い。ひとりの夕食は、私の食べたいものを食べることにしている。

といっても、大したものを用意するわけではない。定番は、おつまみセット。お気に入りのお盆に豆皿を並べたら、小さなおつまみをのせていく。ひたし豆、しらすおろし、ブロッコリーの塩ゆで、冷ややっこ……。だいたいが作りおき料理だ。メインはどうしようかな。冷凍庫に塩さばが入っていたから、こんがり焼いてサラダにのせてみよう（レシピは153ページ）。

Episode

つまみは豆皿に。ちまちま飲んで食べるって最高だ

30分ほどで準備完了。いよいよ真打登場。本日のお酒にご登場いただこう。以前はシャンパンなどのスパークリング系が大好きでそればかり飲んでいたのだけれど、最近の晩酌はもっぱら日本酒。特に生酒が好きだ。いや、生酒しか飲まないと言っても過言ではない。

生酒とは、ろ過しただけで加熱処理をしていないお酒のこと。酵素がピチピチと生きている感じがたまらない。やっぱり私は発酵食品が好きなのだ。お酒はご近所の酒屋さんで買う。こだわりの日本酒を紹介してくれる酒屋さんは、専属のコンシェルジュのよう。

旅先やお気に入りのお店で買い集めたおちょこの中から、今日の気分にぴったりのものを選ぶ。準備が整ったら、おひとり様の飲み会の始まりだ。おちょこにお酒を注いで、チビチビと料理をつまむ。今日の私、お疲れさま。明日もいっしょにがんばっていこうね。

夫が家にいる日は、2人で夕食をとる。「何が食べたい？」と聞くと、だいたいいつも「うーん、鍋」と言う。子どもが小さい頃、仕事があまりに忙しくて毎晩のように鍋を食べていた時期があった。短時間で作れて野菜もたくさんとれ、

純粋に
食べたいものを食べ
生酒をゆるりと飲む
ひとりの夜
ああ幸せ

2

1

3

1　ひとりの夜の相棒は日本酒。生酒を冷やでいただくのがマイブーム。　2　大好きな豆皿。焼き物の種類にこだわりはなく、気に入ったものを何枚か買ってくる。　3　ひとりの夕食は、こんな「おつまみセット」から始まる。冷蔵庫の残り物や缶詰でも、豆皿に飾りつけると気のきいたおつまみに見えてしまう。　4　おちょこもつい買い集めてしまうもののひとつ。かごやお盆に並べ、その日の気分で選ぶのが楽しい。

4

何よりおいしい。その名残なのか、考えるのが面倒なのか、夫はいつも「鍋」と言う。お金がなかった頃の定番は、豚こま肉と小松菜のしゃぶしゃぶだ。しゃぶしゃぶ用の肉なんて高くて買えなかったから、一番安いこま切れ肉が定番。安い肉だっていいのだ。ポン酢しょうゆと紅葉おろしを添えると、いくらでも食べられた。妊娠中に体重が増えすぎたときにも、このお鍋に救われた。小松菜はカルシウムも鉄分も豊富だから、妊娠中にはぴったりだった。

わが家の場合、すき焼きだって豚こま肉で作っていた。だから娘たちは、牛肉のすき焼きを食べたときにはかなり驚いたらしい。

2人の夕食のときにもお酒ははずせない。大笑いしながら、夜遅くなるまでお酒を飲んで話す。夫はお酒が弱いから、私より早く酔いつぶれてしまうのが少々物足りないのだけれど。

居酒屋を開くのが夢なんです

これからは、もっと家に人を招きたいと思っている。長野の別荘にも来てほしい。忙しさの中で、疎遠になりがちだった友人たちとの時間を、もう一度取り戻すことができたらと願っている。

そしていつか夢がかなうなら、居酒屋か食堂を開きたい。「おばちゃん、さばみそ定食ね」なんて声をかけてもらうような、気取りのないお店がいい。旬の野菜や魚を仕入れ、ちゃんと素材に向き合って、これがベストと思う調理方法や味つけでお出しししたい。

私はこれからも、目の前にいる誰かのために料理を作り、目の前で食べてもらいたいのだ。そして「おいしい」なんて言ってもらえたら、こんなに幸せなことはない。

50代になったけれど、夢はまだまだふくらむばかりだ。人生の可能性は無限だと思っている。私たちはまだ、なんでもできる。どこにでも行ける。そしてもっともっと変わることができる。

そう、おいしい食べ物と、「おいしいね」と笑い合える人がいてくれれば。

2

1

4

3

1　藤井家のしゃぶしゃぶは昆布だし。　2　子どもの食べ盛り期には豚こま肉で作っていたけれど、大人2人の夕食にはちゃんとしゃぶしゃぶ用の肉を並べる。食べる量も減ったしね。　4　つけだれは、酢、しょうゆ、おろしにんにくを混ぜて。　3　5　肉と野菜を食べ終わったら、残ったスープでうどんをいただく。うどんは絶対に細麺が合うので、稲庭うどんを使う。お椀に黒こしょうと塩をひとつまみ。そこに鍋のスープを注ぎ、鍋の中であたためたうどんを入れる。うまみが深くて、たまらなくおいしい。梅干しを入れると味わいが変わるので、何杯でもいけてしまう。

5

「何が食べたい？」
「鍋かな」
同じ会話を
何千回も

20代後半の私には、
25年後の料理研究家・藤井恵の姿など
想像することすらできませんでした。
夢だからとあきらめていたのかもしれません。

でもあることをきっかけに、
その夢は、小さな希望としてではありますが、
目標になりました。
そのときのなんとも言えない感情や思いが、
料理研究家を続けるうえでのエネルギーに
変わったに違いない、といま振り返ると思うのです。
キャリアの少なかった私が
料理研究家として仕事を続けてこられたのは、

たくさんの方に支えられ、励まされ、
挑戦する勇気をいただいたからです。

この本を出版することで
改めていっぱいの宝物に気づくことができました。

「。」ではなく「、」。

これからは、感謝の気持ちをこめて
ゆっくりと恩返しをしたいと思っています。

カッコウの声を聞きながら　藤井 恵

Recipe

最後に、
本書に登場する
私の定番料理の
レシピを紹介します
あなたの家の味に
なれたら幸せです

p.152 牛すじカレー

材料と作り方（4人分）

牛すじ肉 — 300g
牛切り落とし肉 — 200g
A 白ワイン — ½カップ
にんにく — 2かけ
ローリエ — 1枚
B 玉ねぎ — 1個
にんじん — 1本
セロリ — 1本
C バター — 10g
オリーブオイル — 大さじ2
赤唐辛子 — 1本
カレー粉 — 大さじ6
トマトペースト — 大さじ2
クミンパウダー — 小さじ1
塩 — 大さじ½
生クリーム — 適量

1　牛すじ肉は熱湯で2〜3分下ゆでし、水にとって洗い、ひと口大に切る。牛切り落とし肉には軽く塩、こしょう（各分量外）をしておく。

2　牛すじ肉を鍋に入れ、**A**と肉がかぶるくらいの水（分量外）を加えて1時間ゆで、肉とゆで汁を分けておく。

3　**B**の野菜をみじん切りにして、**C**を軽く熱した鍋に入れ、じっくり飴色になるまで炒める。

4　**3**に赤唐辛子とカレー粉を加えて炒め、香りがたってきたら**1**の牛切り落とし肉を加えてさらに炒める。

5　そこに**2**の牛すじ肉、ゆで汁（水を加えて4カップにする）、トマトペーストを加えて2〜3時間コトコト煮る。

6　塩、クミンパウダーを加えて5〜6分煮る。器によそい、生クリームをかける。

p.27, 152 塩豚ソテー

材料と作り方（作りやすい分量）

豚肩ロース肉（かたまり） — 500g
塩またはハーブソルト — 10〜12.5g
オリーブオイル — 少々

1　牛肉の重さの2〜2.5%の塩をすりこみ、ラップでぴっちりくるんで冷蔵庫で2〜3日寝かせる。

2　肉を1〜1.5㎝厚さに切り、オリーブオイルを引いたフライパンで両面をこんがり焼く。

3　いっしょに季節の野菜を焼き、ゆでた葉野菜や生野菜とともに添える。

p.152の写真は、たけのこをいっしょに焼き、ゆでた菜の花とハーブのサラダ、ねぎぼうずの天ぷらを添えている。

p.44 から揚げ弁当

材料と作り方（1人分）

鶏のから揚げ

鶏むね肉（または鶏もも肉）— 100g

A しょうゆ — 小さじ1
酒 — 小さじ1
練りがらし — 小さじ1

かたくり粉 — 適量

卵焼き

卵 — 1個

B 水 — 大さじ1
砂糖 — 大さじ½
しょうゆ — 小さじ⅓

塩ゆでブロッコリー

ブロッコリー — 3房

C 塩 — 小さじ1
水 — 1カップ

卵焼きのかわりにゆで卵や
目玉焼きでも色鮮やか
主菜は前の晩の
残り物でもかまわない
あとは季節の野菜で
お弁当は完成！

1　ブロッコリーは食べやすい大きさに切り、水にひたす。

2　肉は小さめのひと口大にそぎ切りし、**A**をもみこむ。

3　ボウルに**B**を入れて混ぜ、卵を加えて溶きほぐす。

4　卵焼き用のフライパンに**C**を煮立たせ、ブロッコリーをゆでてざるにあげる。

5　**4**のフライパンをふいて熱し、サラダ油小さじ¼（分量外）を入れて**3**の卵液を半量流し入れる。上面がほぼ乾いたら奥から手前に巻き、奥に寄せる。

6　さらに油少々（分量外）を引き、**5**を軽く持ち上げて、残りの卵液を流し入れる。上面にほぼ火が通ったら手前に巻き、取り出す。

7　**5**のフライパンに1cm深さのサラダ油（分量外）を熱し、かたくり粉をまぶした**2**を入れて3〜4分かけてカリッと揚げる。

8　冷めたら、ごはんを入れたお弁当箱に詰める。

※この本で紹介するレシピの小さじは5mℓ、大さじは15mℓ、1カップは200mℓ、1合は180mℓです

Recipe p.150

塩をまぶして熟成させる塩豚や、コトコト長時間かけて煮こむ
牛すじカレー。長野に来ると時間をかけた料理を作りたくなる。

冷蔵庫に保存した
使いかけの野菜で
さばサラダ完成

さばサラダ

材料と作り方（1〜2人分）

塩さば — 1〜2切れ
A 紫玉ねぎ — ¼個
｜白ワインビネガー — 大さじ1
B 塩 — 小さじ¼
｜こしょう — 少々
｜オリーブオイル — 小さじ1
サニーレタス、きゅうり、トマト、パプリカ、パクチー、クレソンなど — 各適量

1　塩さばは1切れを5〜6等分に切り、グリルでこんがり焼く。

2　サニーレタスなどの葉野菜はひと口大にちぎり、きゅうりやトマトなどは食べやすい大きさに切る。紫玉ねぎは薄切りにする。

3　ボウルに**A**を入れて2〜3分置く。そこに**B**を入れてよく混ぜ、野菜をあえて皿に盛る。最後にさばをのせる。

残った食材は、すぐに使えるようにして保存容器へ。生野菜は水けをきり、ブロッコリーやオクラ、豆類はゆでておく。

p.53 ナチュラルブラウニー

材料と作り方
(縦20×横20×厚さ3cmの角型1台分)

A 全粒粉 — 1½カップ
薄力粉 — ½カップ
ベーキングパウダー — 大さじ½
塩 — 少々

B サラダ油 — ½カップ
豆乳 — 大さじ3
メープルシロップ — ¾カップ
りんごジュース(果汁100%)
— ¼カップ
白練りごま — 大さじ3
バニラエクストラクト — 小さじ½
ココアパウダー — 大さじ2

くるみ — 1カップ
カカオニブ(またはチョコチップ)
— ¼カップ

1 くるみは180℃のオーブンで5分程度加熱し、飾りの分をとり分けてそれ以外を粗く刻む。

2 ボウルに**A**を入れて泡立て器でよく混ぜる。

3 別のボウルに**B**を合わせて、均一になるまでしっかり混ぜる。

4 **2**に**3**を入れ、粉っぽさがなくなるまで泡立て器でよく混ぜる。刻んだくるみとカカオニブ(飾り用に少しとり分ける)を加えてさっくり混ぜ合わせる。

5 オーブンシートを折り入れた型に**4**を流し込み、とり分けておいたくるみとカカオニブを上から散らす。180℃のオーブンで20〜25分焼く。

p.52 シフォンケーキ

材料と作り方
(直径20cmシフォン型1台分)

卵黄 — 5個分

A 水 — 100g
サラダ油 — 80g
バニラエクストラクト — 小さじ½

薄力粉 — 120g
卵白 — 5個分
グラニュー糖 — 100g

B 生クリーム — 1カップ
メープルシロップ — 大さじ2

1 ボウルに卵黄を入れて泡立て器で混ぜる。**A**を順番に入れ、そのつどよく混ぜてから粉をふるい入れる。

2 別のボウルに卵白を入れ、ハンドミキサーの低速で泡立てる。細かく泡立ってきたら高速にし、砂糖を3回に分けて加え、しっかりと角が立つまで泡立てる。最後に低速にし、きめを整える。

3 **1**のボウルに**2**の⅓量を入れて混ぜる。なじんだら残りを2回に分けて入れ、そのつどへらでツヤが出るまで混ぜる。

4 型に**3**を流し入れて180℃のオーブンで45分ほど焼く。

5 焼きあがったら、瓶などの上にふせ、逆さまにして冷ます。

6 冷めたら型からとり出す。型のはしはパレットナイフを、中心部分は竹串を入れてはずす。

7 **6**を切り分け、**B**を合わせて泡立てて添える。

p.41 餃子

Part 2

材料と作り方（16個分）

キャベツ（または白菜）— 150g
塩 — 小さじ1/2
豚ひき肉 — 150g
A おろししょうが — 1かけ分
酒 — 小さじ1
しょうゆ — 小さじ1
かたくり粉 — 大さじ1
サラダ油 — 大さじ1/2
ごま油 — 大さじ1/2
餃子の皮 — 16枚
サラダ油 — 小さじ1
ごま油 — 小さじ1/2

1 キャベツをみじん切りにし、塩をふってしんなりさせ、手で水けをしぼる。

2 ひき肉に**A**を順に加え、そのつどよく混ぜる。**1**を加えてさらに混ぜて16等分にする。

3 餃子の皮の縁に水をぐるりと塗ってから**2**をのせ、ひだを寄せながら包む。

4 フライパンにサラダ油を熱し、**3**を並べる。薄く焼き色がついたら水カップ1（分量外）を入れてふたをして、強めの中火で7〜8分蒸し焼きにする。

5 ピチピチと音がしてきたらごま油を回し入れて、こんがり焼き色をつけ、器に盛る。

p.60 鮭ときゅうりの混ぜずし

Part 2

材料と作り方（4人分）

すしめし
米 — 2合
水 — 360mℓ
すし酢
米酢 — 大さじ3
砂糖 — 大さじ2
塩 — 小さじ1/2
具
甘塩鮭 — 2切れ
酒 — 小さじ2
きゅうり — 1本
塩 — 小さじ1/5
たくあん（細切り）— 50g
白いりごま — 大さじ2
枝豆（ゆでてさやを除く）
— 1/4カップ
青じそ — 10枚

1 甘塩鮭に酒をふり、グリルで焼き色をつけないように火を通し、皮と骨を除いてほぐす。きゅうりは小口薄切りにして塩をふり、しんなりしたら水けをしぼる。すし酢は混ぜておく。

2 米を洗ってしっかり水けをきり、炊飯器に入れて水を加え、30分浸水させてから炊く。炊きあがったら、大きなボウルなどに移す。

3 すし酢を**2**に回し入れて切るように混ぜる。

4 粗熱がとれたら、**1**とそのほかの具を入れて混ぜる。器に盛り、細切りにした青じそを上から散らす。

p.61 ちらしずし

材料と作り方（4人分）

すしめし
米 — 2合
水 — 360mℓ

すし酢
米酢 — 大さじ3
砂糖 — 大さじ2
塩 — 小さじ½

具
にんじん — ½本
こんにゃく — 100g
ごぼう — ¼本
干ししいたけ — 3枚
れんこん — ¼節
焼きあなご — 1尾
きぬさや — 12枚

A だし — 1カップ
砂糖 — 大さじ1
塩 — 小さじ½
しょうゆ — 小さじ1

B 卵 — 2個
塩 — 少々
砂糖 — 小さじ1
かたくり粉 — 小さじ1
水 — 大さじ1

塩イクラ — 50g

1　にんじんとこんにゃくは3cm長さの短冊切り、ごぼうはささがき、干ししいたけは戻して軸を除き薄切り、れんこんは薄いいちょう切りにする。こんにゃくは下ゆでする。

2　焼きあなごはサッと焼いて細切り、きぬさやはゆでて細切りにする。

3　鍋に**A**と**1**を入れて火にかけ、煮立ったらふたをして中火にし、煮汁がほぼなくなるまで煮る。

4　**B**を混ぜ合わせて薄焼き卵を焼き（作り方はp.65参照）、細切りにする。

5　「鮭ときゅうりの混ぜずし」（p.155）の**2**、**3**のようにすしめしを作り、**2**のあなごと**3**を混ぜる。

6　**5**を器に盛り、**2**のきぬさやと**4**の錦糸卵、イクラを飾る。

p.61 豆あじの甘露煮

Part 2

材料と作り方（作りやすい分量）

豆あじ — 500g
　塩 — 小さじ1/2
A しょうゆ — 大さじ3
　砂糖 — 大さじ2
　酒 — 大さじ4
　しょうが（薄切り） — 1かけ分
　みりん、酢 — 各大さじ1
　水 — 1カップ
サラダ油 — 適量

1　豆あじは、エラとワタを指でつまみとり、血合いを洗い流してから塩をふる。20分ほどおいたら水けをよくふきとる。

2　**1**を180℃に熱したサラダ油でカリッと揚げる。

3　鍋に**2**を並べ、**A**を入れて火にかける。煮立ったら落としぶたをして、弱めの中火で煮汁がなくなるまで1時間程度煮る。途中、煮汁がなくなりそうなときには水をたす。

p.69 赤飯

Part 2

材料と作り方（4人分）

もち米 — 2カップ
米 — 1カップ
ささげ — 80g
A 塩 — 小さじ1
　みりん — 小さじ1
黒いりごま、塩 — 各適量

1　ささげを洗い、水2カップ（分量外）とともに鍋に入れて火にかける。煮立ったら弱めの中火で、ときどき豆をすくって空気にふれさせながら30分ゆでる。粗熱がとれたら、豆とゆで汁に分ける。

2　もち米と米は合わせて洗い、ざるにあげて水けをきる。

3　炊飯器に**2**の米と、**1**のゆで汁（水を加えて550mℓにする）を入れて1時間浸水させる。

4　**3**に**A**を入れ、軽く混ぜてから炊く。炊きあがったら**1**の豆をのせ、1〜2分蒸らし、さっくり混ぜる。黒いりごまと塩をふる。

p.69 白みそ豚汁

Part 2

材料と作り方（4人分）

豚バラ肉（薄切り）── 200g
大根 ── 1/3本
にんじん ── 1本
だし ── 6カップ
白みそ ── 150g
酒 ── 大さじ2
みりん ── 大さじ1/2
塩 ── 少々
万能ねぎ（小口切り）── 適量

1 豚バラ肉は2cm幅に切る。大根とにんじんは3cm長さの短冊切りにする。

2 鍋にだしと酒、**1**を入れて火にかけ、肉をほぐす。煮立ったらアクをとり、ふたをして弱火で20〜30分煮る。

3 **2**にみそをとき入れて弱火で10分煮て、みりん、塩で味を調える。

4 器によそい、ねぎをたっぷりのせる。好みで七味唐辛子をかける。

p.92 飴色玉ねぎとアンチョビのパスタ

Part 3

材料と作り方（2人分）

玉ねぎ ── 2個
オリーブオイル ── 大さじ2
にんにく（みじん切り）── 1かけ分
アンチョビ（フィレ）── 20g
バター ── 10g
パスタ（スパゲッティ）── 150g
塩、こしょう ── 各適量
粗びき黒こしょう ── 少々

1 玉ねぎは薄切りにし、耐熱容器に入れる。電子レンジ（600W）で、ラップなしで5分間加熱する。

2 フライパンにオリーブオイルを熱し、にんにくを入れて香りが立ったら**1**を入れ、飴色になるまでゆっくり炒める。

3 1.5ℓの湯に塩大さじ1（各分量外）とパスタを入れ、表示の時間より1分短くゆでる。

4 **2**にバターとアンチョビを入れてさらに炒める。そこに**3**のゆで汁1/2カップを入れ、煮立たせてからパスタを入れてあえる。塩、こしょうで味を調え、器に盛って粗びき黒こしょうをふる。

p.100 鯛茶漬け

Part 3

材料と作り方（2人分）

鯛（刺し身用・薄切り）— 200g
金いりごま — 1/2カップ
酒（煮切る）— 大さじ2
しょうゆ — 大さじ2
A 緑茶 — 1 1/2カップ
だし汁 — 1 1/2カップ
塩 — 少々
ごはん — 適量
薬味（わさび、三つ葉、あられ、焼きのりなど）— 少々

1 金ごまはフライパンや小鍋で軽くいり直す。

2 すりばちに**1**を入れて、油がにじみ出てひとまとまりになるくらいまでじっくりとする。酒としょうゆを少しずつ加えてさらによく混ぜる。半分を別容器にとり分ける。

3 **2**に鯛を入れてあえる。

4 器にごはんをよそい、**3**をのせて**2**のごまだれを少しかけ、薬味をのせる。そのまま少し食べてから、**A**を合わせて熱々にしたものをかけ、さらに薬味をのせて、お茶漬けに。

p.101 白あえ

Part 3

材料と作り方（2人分）

さつまいも — 1/2本
にんじん — 1/3本
こんにゃく — 50g
さやいんげん — 5本
A だし（または水）— 1カップ
塩 — 小さじ1/5
しょうゆ — 小さじ1/2
砂糖 — 小さじ1/2
木綿豆腐 — 100g
B 白練りごま — 大さじ1
砂糖 — 大さじ1/2
塩 — 小さじ1/3
しょうゆ — 小さじ1/2

1 さつまいも、にんじん、こんにゃくは3cm長さの短冊切りにし、さつまいもは水にさらし、こんにゃくは下ゆでする。さやいんげんは斜め薄切りにする。

2 鍋に**A**と**1**を入れて火にかけ、7〜8分煮て冷ます。

3 すりばちに水けを軽くきった木綿豆腐を入れてすり、**B**を順に加えてそのつどよくする。ふんわりしたら**2**の汁をきってあえる。

藤井 恵

料理研究家・管理栄養士。女子栄養大学栄養学部卒業。在学中からテレビの料理番組のアシスタントを務める。出産を機に専業主婦になるが、2人の娘の子育て経験を生かした料理提案が評判となり、料理研究家としての道を歩み始める。日々のごはんのおかずからお菓子、おつまみまで幅広く手がけ、そのおいしさと作りやすさ、センスのよさには定評がある。健康や栄養に関する知識を生かした、体にいい料理のレシピの提案も好評で、テレビや雑誌、書籍などで活躍。『藤井恵 繰り返し作りたい定番料理』（主婦の友社）、『藤井弁当』（学研プラス）、『藤井恵さんのむずかしくないお魚レシピ』（講談社）など著書多数。

アートディレクション　天野美保子
編集　神素子
撮影　千葉充（Part 2～4、Recipe）、
　　　佐山裕子（Part 1、Recipe/主婦の友社）
DTP制作　伊大知桂子（主婦の友社）
編集担当　宮川知子（主婦の友社）

藤《ふじ》井《い》恵《めぐみ》 おいしいレシピができたから

2021年7月31日　第1刷発行
2021年8月31日　第2刷発行

著　者　藤《ふじ》井《い》　恵《めぐみ》
発行者　平野健一
発　行　株式会社主婦の友社
〒141-0021
東京都品川区上大崎3-1-1 目黒セントラルスクエア
電話 03-5280-7537（編集）　03-5280-7551（販売）
印刷所　大日本印刷株式会社

ISBN978-4-07- 447570-4